CLÉOPÂTRE LA REINE DES ROIS

Cléopâtre offre
un collier en or
à un sujet loyal

Jules César

Cléopâtre
est convoquée
à Tarse par
Antoine.

Pièce d'argent
ornée d'une corne
d'abondance

Millefiori, coupe en verre
décoré

Le jeune frère
de Cléopâtre prend
le pouvoir.

Artisans
construisant
le mausolée
de Cléopâtre

CLÉOPÂTRE
LA REINE DES ROIS

Texte : FIONA MACDONALD
Illustrations : CHRIS MOLAN
Traduction
MARIE-ANNE TATTEVIN
Conseil : ALAIN CHARRON
conservateur au musée
de l'Arles Antique

GALLIMARD JEUNESSE

Pour l'édition originale :

Chefs de projet :
Sue Barraclough
et Marie Greenwood
Maquettistes :
Catherine Goldsmith et Carole Oliver
Éditrice en chef : Jayne Parsons
Directrice artistique : Jacquie Gulliver
PAO : Nomazwe Madonko
Iconographe : Franziska Marking
Fabrication : Kate Oliver
Conseiller : Dr Sally-Ann Ashton
Photographies complémentaires :
Max Alexander, Alistair Duncan,Christi Graham
et Nick Nichols, Peter Hayam, John Heseltine,
Dave King, Stephen Oliver, Lawrence Pardes
et Tony Souter

Titre original : *Cleopatra, the queen of kings*

Illustrations complémentaires de John James

Pour l'édition française :

Édition :
Éric Pierrat et Clotilde Grison
PAO : Sandrine Duvillier, Octavo
Préparation :
Isabelle Haffen
Correction :
Claire Passignat et Eliane Rizo
Index : Claire Passignat

ISBN : 2-07-054619-5

Loi n° 49-956 du 16 juillet 1949
sur les publications destinées à la jeunesse
Dépôt légal : septembre 2001
Numéro d'édition : 99531

Photogravure Colourscan, Singapour
Impression L.E.G.O., Italie

Sommaire

L'Égypte de Cléopâtre

Cette aquarelle du peintre anglais Harold Oakley représente le phare d'Alexandrie, à partir d'une reconstitution datant de la fin du XIXe siècle.

Il y a plus de 3 000 ans, l'Égypte était le berceau d'une riche et brillante civilisation. Mais à la naissance de Cléopâtre VII, en 69 av. J.-C., le pouvoir est affaibli. En outre, le pays, qui est gouverné par la dynastie (famille) des Lagides arrivée de Macédoine en 323 av. J.-C., est menacé par sa grande rivale, Rome. Si les premiers rois, les Ptolémées, ont été des politiciens éclairés, leurs descendants, dont le père de Cléopâtre, font preuve d'incurie. Cléopâtre est confrontée à un avenir incertain.

Mais elle va devenir une grande reine, l'une des plus célèbres femmes de l'histoire.

Cléopâtre est née à Alexandrie, port très actif de la Méditerranée. Les premiers Ptolémées ont favorisé l'essor des sciences, des arts et du commerce, introduisant en Égypte nombre d'idées nouvelles et d'inventions.

La tour de Pharos était le plus grand phare de la terre. Construit vers 280 av. J.-C., elle fut détruite lors d'un tremblement de terre au XIVe siècle. Elle fait partie des Sept Merveilles du monde antique.

Pompée le Grand
Pompée (106-48 av. J.-C.) est l'un des plus glorieux généraux de son temps. En s'alliant à Ptolémée XII, il cherche à asseoir le pouvoir de Rome sur l'Égypte.

UNE FAMILLE EN GUERRE

DÈS L'ENFANCE, CLÉOPÂTRE SAIT que sa famille est en guerre – contre le peuple qu'elle gouverne et contre son propre camp. Le peuple souffre de la cruauté du père de Cléopâtre, Ptolémée XII, et désapprouve son alliance avec Rome qui conduit à l'annexion de Chypre.

En 58 av. J.-C, les citoyens d'Alexandrie se révoltent et chassent leur souverain hors d'Égypte.Ptolémée se réfugie à Rome. Bérénice IV, sœur aînée de Cléopâtre, est reine. En 55 av. J.-C., avec l'aide du gouverneur de la province de Syrie Aulus Gabinius, Ptolémée est rétabli sur son trône et fait exécuter sa fille Bérénice.

CLÉOPÂTRE VII
À quatorze ans, Cléopâtre voit son père fuir le pays et le meurtre de sa sœur. Elle doit probablement se demander combien de temps il lui reste à vivre.

LA LUTTE POUR LE POUVOIR

Tous les enfants de Ptolémée XII espèrent gouverner et sont donc rivaux. La sœur aînée de Cléopâtre, Bérénice, règne de 58 à 55 av. J.-C. Sa mère ou sœur, Cléopâtre Tryphène, meurt de façon mystérieuse à cette époque.

PTOLÉMÉE XII
Le pharaon Ptolémée XII règne sur l'Égypte de 80 à 58 av. J.-C. et de 55 à 51 av. J.-C. Ses sujets le détestent car il prélève de lourdes taxes et envoie une bonne part de ce tribut à Rome. Ptolémée espère ainsi s'attirer les bonnes grâces des dirigeants romains et les empêcher d'envahir son pays.

Ptolémée XIII *Ptolémée XIV* *Bérénice* *Cléopâtre Tryphène* *Arsinoé*

LES FRÈRES DE CLÉOPÂTRE
Cléopâtre a deux jeunes frères, tous deux appelés Ptolémée selon la tradition. Ils régneront sur l'Égypte sous le nom de Ptolémée XIII et Ptolémée XIV.

LES SŒURS DE CLÉOPÂTRE
Ptolémée XII a peut-être eu quatre filles. Les sœurs de Cléopâtre seraient Bérénice IV, Cléopâtre Tryphène VI et Arsinoé IV. En 55 av. J.-C., seule la plus jeune, Arsinoé, est encore en vie.

Les symboles de pouvoir

LA FAMILLE DE CLÉOPÂTRE, les Lagides, introduit de nombreux changements en Égypte, en particulier l'usage des pièces de monnaie pour le commerce. Avant les Lagides, la monnaie était pratiquement inconnue, les Égyptiens pratiquant essentiellement le troc. Les pièces sont aussi porteuses d'un message politique : elles montrent l'image d'une dynastie riche et puissante.

Ce magnifique portrait représente la reine lagide Bérénice II, sœur et épouse de Ptolémée III.

La corne d'abondance symbolise richesse et prospérité.

Le portrait de Ptolémée XII
Bien qu'originaires de Macédoine (au nord de la Grèce), les Lagides font graver leur portrait dans le style de l'Égypte antique. Ils veulent en effet être considérés comme les successeurs des anciens pharaons d'Égypte. Ce bas-relief dans le temple d'Edfou, dédié à Horus, montre Ptolémée XII triomphant des ennemis de l'Égypte.

L'EMPIRE ROMAIN

Alors que les Lagides connaissent des difficultés en Égypte, l'Empire romain poursuit son expansion.
En 55 av. J.-C., ses conquêtes s'étendent au nord et à l'ouest de l'Europe, en Afrique du Nord et au Moyen-Orient.

L'armée romaine est une formidable machine de combat. Plusieurs milliers de soldats bien entraînés marchent en ordre de bataille à la conquête de nouvelles terres pour Rome.

La côte autour du delta du Nil étant très plate, le grand phare guide les navires cherchant à s'abriter dans le port d'Alexandrie.

Alexandrie est un port prospère de la Méditerranée. Les maîtres de Rome comptent sur l'Égypte pour fournir l'empire en grain et autres denrées alimentaires.

De 200 à 55 av. J.-C., l'Empire romain connaît une expansion si rapide que Rome est souvent contraint de s'appuyer sur des « rois vassaux » pour gouverner les provinces.

LA FILLE DU DIEU-SOLEIL

CLÉOPÂTRE EST DÉSORMAIS L'AÎNÉE des enfants survivants de Ptolémée XII. Selon la coutume, à la mort du pharaon, elle épousera son jeune frère Ptolémée XIII et deviendra reine, ce qui est une perspective à la fois passionnante et terrifiante. Cléopâtre connaît le destin tragique de ses sœurs et sait que ses ennemis n'hésiteront pas à la supprimer aussi. Mais c'est une femme intelligente. Pour se préparer à gouverner, elle a appris plusieurs langues, dont l'égyptien (les membres de sa famille ne parlent que le grec). Elle s'appuie également sur la religion pour asseoir ses prétentions au trône. Elle s'attribue une partie de la titulature royale dont le titre de fils de Rê.

Des demeures divines
Les temples sont construits pour servir de maisons aux dieux. Chaque jour, les prêtres font aux statues sacrées des offrandes de nourriture, boisson et encens. Les principaux temples constituent de riches et puissants domaines qui possèdent des fermes, des vergers, des ateliers et des bibliothèques, et qui emploient de nombreux serviteurs.

Le taureau sacré Bouchis
Les Égyptiens de l'Antiquité voient dans les taureaux sacrés du temple d'Erment une incarnation du Dieu Montou sous forme animale. Peu après son intronisation, Cléopâtre descend le Nil aux côtés du nouveau taureau Bouchis. En sacrifiant à ce rituel, Cléopâtre montre au peuple qu'elle respecte ses dieux.

Le « naos »
Seuls les membres de la famille royale et les grands prêtres peuvent accéder au *naos*, au cœur du temple, où se dresse la statue du dieu ou de la déesse.

LA MUSIQUE RITUELLE
Des musiciens, des chanteurs et des danseurs jouent de la musique sacrée tandis que Cléopâtre apporte aux dieux des offrandes de nourriture et de fleurs.

Les dieux et les déesses

COMME TOUS LES Lagides avant elle, Cléopâtre présente des prières et des offrandes aux nombreux dieux et déesses de l'Égypte ancienne. Traditionnellement, Isis et Hathor protègent les reines égyptiennes du mal.

Amon, dieu aux fonctions universelles, est une divinité solaire sous sa forme Amon-Rê.

Isis, mère et épouse dévouée, est la déesse de la magie.

Hathor est la déesse de la maternité, de la musique et de l'amour.

« La Reine, la Dame des Deux Terres, la déesse qui aime son père, a amené le taureau dans la barque d'Amon à Hermonthis. »

Inscription sur une stèle (pierre gravée) à Hermonthis (aujourd'hui Erment)

DE PUISSANTS AMIS

Cléopâtre a besoin du soutien du clergé, issu des familles les plus puissantes du pays. Tous les prêtres reçoivent une part des offrandes faites aux dieux et des richesses produites sur le domaine du temple. Ils passent du temps loin de leur temple et beaucoup officient à la cour comme grands dignitaires. Par des dons somptueux aux grands temples du pays, Cléopâtre s'assure le soutien des prêtres et renforce son pouvoir.

À L'INTÉRIEUR DU TEMPLE
Pour accéder au naos, la procession des fidèles traverse l'hypostyle, grande salle d'entrée du temple, avec ses imposantes colonnes peintes et gravées.

DES COIFFURES MAGNIFIQUES
Comme toutes les reines lagides, Cléopâtre porte une imposante coiffure de plumes d'or (symbole du dieu Amon), avec un disque solaire et une paire de cornes (symboles des déesses Hathor et Isis).

Un encens au doux parfum brûle en offrande aux dieux.

L'adolescence de la reine

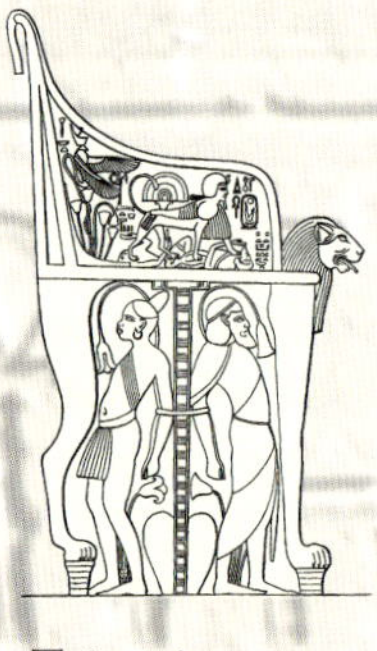

Trône égyptien, symbole du pouvoir royal

DES TEXTES ANCIENS MENTIONNENT QUE CLÉOPÂTRE a gouverné quelque temps avant la mort de son père. À la mort de celui-ci, en 51 av. J.-C., Cléopâtre a dix-huit ans et elle est déterminée à garder le pouvoir. Comme d'autres Lagides avant elle, elle épouse son frère Ptolémée XIII, âgé de douze ans. Leur père, Ptolémée XII, voulait empêcher les querelles dynastiques et, à l'image de Ptolémée II et Arsinoé, créer une royauté collégiale. Selon la loi, Ptolémée a désormais le droit de gouverner, mais Cléopâtre ne l'entend pas ainsi. Elle veut régner seule. Elle sait cependant que parmi les nobles et les conseillers égyptiens de la cour, nombreux sont ceux qui soutiennent le droit de son frère à exercer le pouvoir. En outre, le général Pompée, allié de son défunt père, convoite l'Égypte pour le compte de l'Empire romain. La jeune Cléopâtre sait qu'elle devra user de tout son charme et de toute son intelligence pour rester sur le trône.

Bas-relief d'époque romaine de tradition pharaonique, temple d'Hathor à Dendérah

« Si le nez de Cléopâtre avait été plus court, la face du monde en eût été changée. »

Le philosophe français Blaise Pascal commentant la beauté légendaire de Cléopâtre. Extrait des *Pensées*, vers 1670

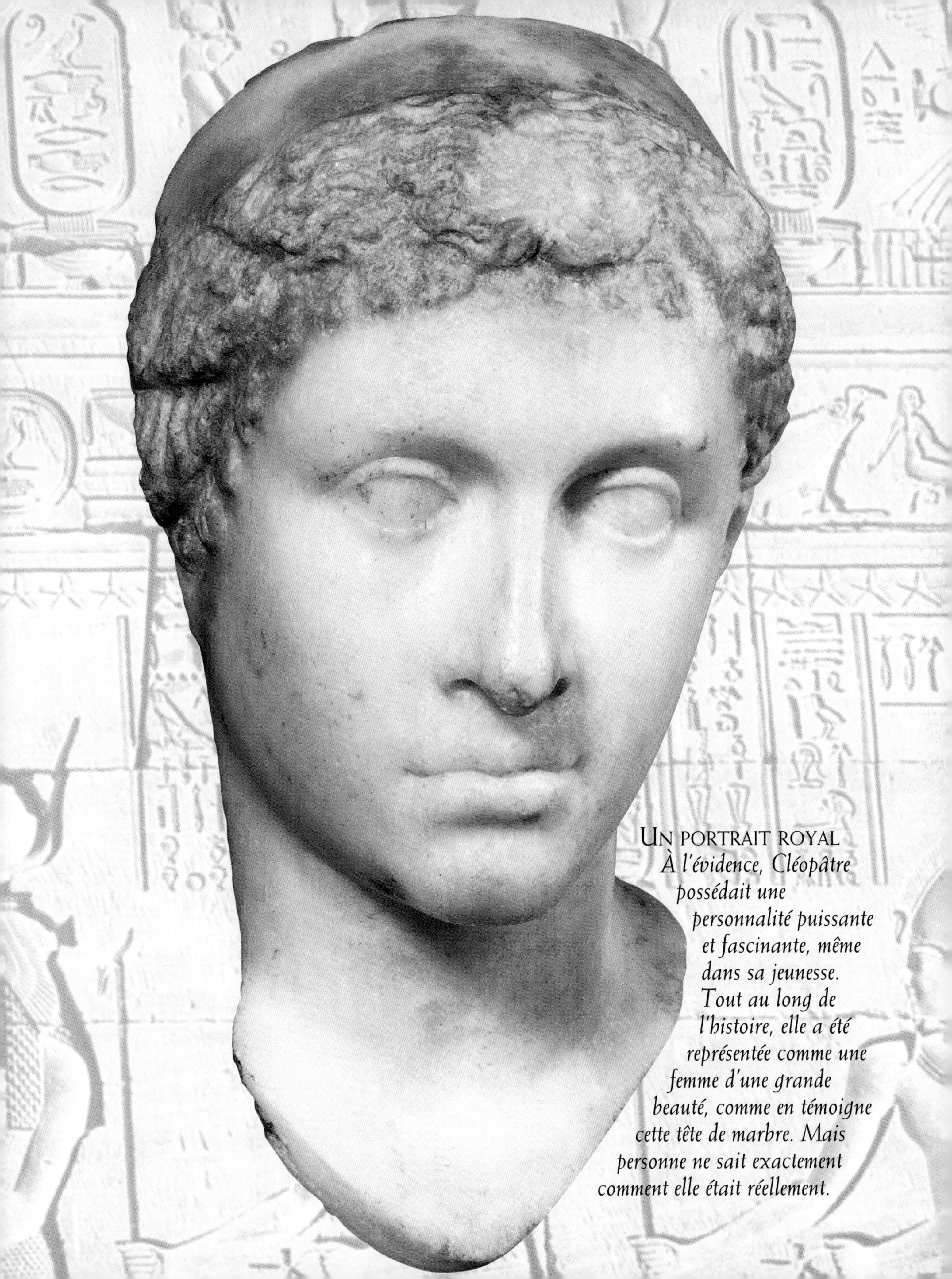

UN PORTRAIT ROYAL
À l'évidence, Cléopâtre possédait une personnalité puissante et fascinante, même dans sa jeunesse. Tout au long de l'histoire, elle a été représentée comme une femme d'une grande beauté, comme en témoigne cette tête de marbre. Mais personne ne sait exactement comment elle était réellement.

La « sakieh »
Cette magnifique peinture murale montre des bœufs attelés à une roue d'irrigation : la *sakieh*. En avançant, les bœufs font tourner la roue dont les godets puisent l'eau du Nil pour la déverser dans les champs. Ce moyen d'irrigation est encore utilisé en Égypte aujourd'hui.

« Cette terre produit naturellement plus de fruits que les autres, et encore plus lorsqu'elle est irriguée. »

Strabon, *Géographie*, vers 100 av. J.-C.

REPÈRES

- Le Nil est le plus long fleuve du monde. Il parcourt 6 690 km de l'Afrique centrale à la Méditerranée.
- Aujourd'hui, le débit du fleuve est régulé à Assouan, mais à l'époque de Cléopâtre, le Nil sortait de son lit chaque année en juin, gonflé par les précipitations des hauteurs. Les terres bordant le fleuve restaient inondées jusqu'au mois d'août ou septembre.
- Après l'inondation, la terre était couverte d'une boue fertile. En novembre, elle était suffisamment sèche pour être labourée.

LA VIE EN ÉGYPTE SOUS CLÉOPÂTRE

CLÉOPÂTRE ET SA FAMILLE VIVENT à Alexandrie, la capitale du pays. Cette ville, fondée par Alexandre le Grand en 331 av. J.-C., a connu une grande prospérité sous le règne des Lagides. Alexandrie était l'un des principaux ports de commerce du monde antique et un centre cosmopolite très vivant, où se mêlaient les idées et les croyances de la Grèce, de l'Égypte et du Moyen-Orient. Mais la plupart des Égyptiens ne se reconnaissent pas dans cette cité exotique et trop hellénistique – comme le sont les Lagides eux-mêmes. Les deux premières années du règne de Cléopâtre sont marquées par des menaces de famine. Peut-être les crues du Nil ont-elles été insuffisantes. En sa qualité de reine, Cléopâtre doit aider le peuple et gagner son soutien – mais elle a également besoin de l'appui des citoyens aisés d'Alexandrie.

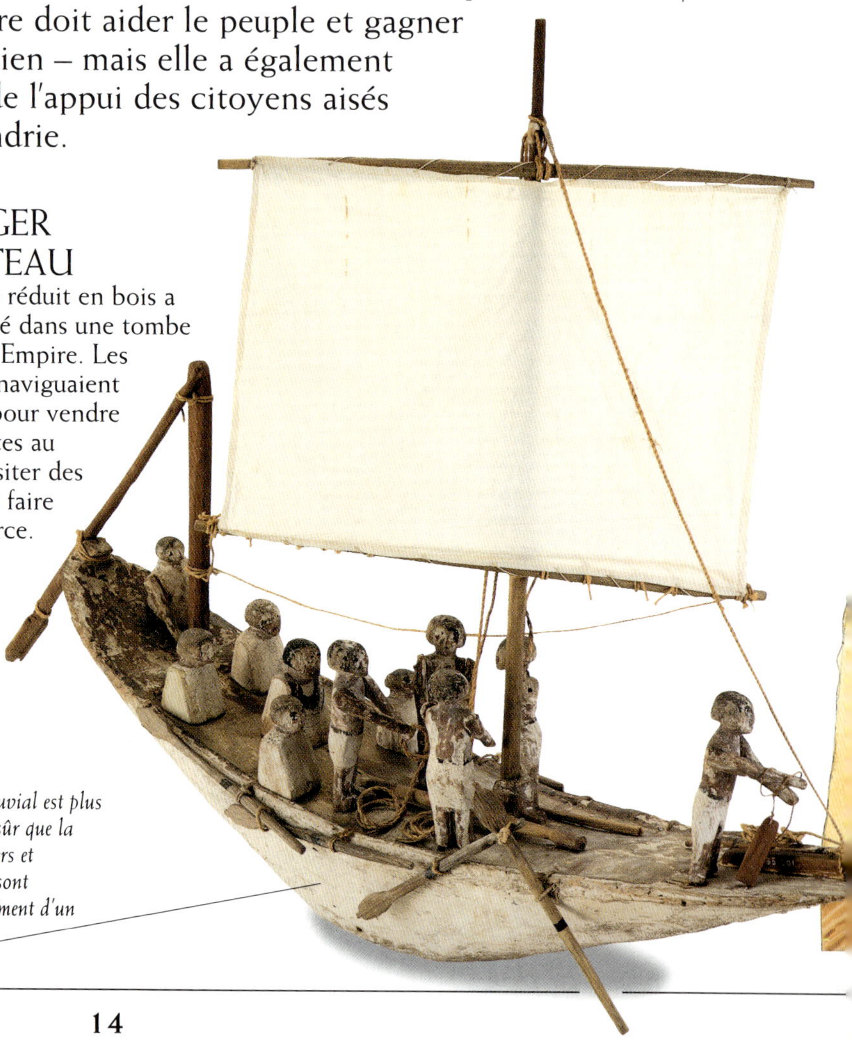

VOYAGER EN BATEAU
Ce modèle réduit en bois a été retrouvé dans une tombe du Moyen Empire. Les Égyptiens naviguaient sur le Nil pour vendre leurs récoltes au marché, visiter des temples ou faire du commerce.

À LA VOILE
Le transport fluvial est plus rapide et plus sûr que la route : passagers et marchandises sont acheminés aisément d'un port à l'autre.

AU BORD DU NIL

La plupart des familles égyptiennes vivent dans des bourgs et des villages, près des eaux bouillonnantes du Nil. Les Égyptiens sont agriculteurs, maçons, commerçants et artisans, comme leurs ancêtres depuis des millénaires.

Le Fayoum
Le Fayoum est une vaste région de basses terres, située dans le désert occidental, non loin du Nil, autour d'un lac d'eau douce. Le sol y est fertile et le lac permet d'irriguer les cultures. Sous le règne des Lagides, de nombreux Grecs sont venus s'installer dans cette région, animée et prospère.

L'irrigation, l'eau de la vie
Les agriculteurs utilisaient le *chadouf*, un balancier en bois muni d'un godet à son extrémité, pour puiser l'eau du fleuve et irriguer les champs. Les Lagides ont introduit l'usage grec de la vis d'Archimède (hélice tournant dans une goulotte).

Du vin !

Avant le règne des Lagides, le vin était rare et cher ; les Égyptiens buvaient surtout de la bière. Mais les Grecs préféraient le vin et ils ont apporté en Égypte leurs techniques viticoles.

Vendanges au Nouvel Empire

L'EXIL

LES DEUX PREMIÈRES ANNÉES DE SON règne, Cléopâtre réussit à garder le contrôle de l'Égypte, mais elle a de nombreux ennemis. L'un des plus puissants est Pothin, premier conseiller de son frère Ptolémée. Le fait que Cléopâtre prenne d'importantes décisions sans le consulter lui déplaît fort. De plus, Ptolémée XIII, qui a bientôt seize ans, réclame sa part du pouvoir. En 48 av. J.-C., Cléopâtre découvre un complot : Ptolémée et Pothin s'apprêtent à la faire arrêter et probablement exécuter. Devant le danger, elle quitte son pays et embarque pour la Syrie, où elle espère recruter une armée afin de reconquérir le trône dont s'est emparé son frère.

Les conseillers de Ptolémée
Le jeune Ptolémée XIII accorde un grand crédit aux avis de Pothin et à ceux des chefs de groupes rivaux, à la cour royale d'Égypte.

Gouverner seule
Cléopâtre irrite Ptolémée XIII et ses partisans en affichant les symboles de son pouvoir sans partage, comme cette effigie sur une pièce de bronze, frappée durant son règne. Elle y figure seule, sans le roi son frère.

À LA RECHERCHE DE SOUTIEN

Cléopâtre choisit de se réfugier en Syrie, où les Lagides ont déjà régné. Le roi de Syrie est également un ennemi de Rome. Comme Cléopâtre, il craint pour sa couronne, face aux appétits démesurés de l'Empire romain.

LES DEUX SŒURS RÉUNIES
Si Cléopâtre emmène en exil sa sœur, Arsinoé, c'est moins pour la protéger de Ptolémée et de Pothin que pour éviter qu'elle ne prenne le pouvoir en son absence.

UNE TRAVERSÉE PÉRILLEUSE
Le voyage vers la Syrie s'avère long et dangereux. En Méditerranée, les violentes tempêtes causent fréquemment des naufrages.

Jules César

LA LUTTE POUR LE POUVOIR

Oubliant leur alliance passée, Jules César et Pompée s'affrontent, en 48 av. J.-C., pour le pouvoir suprême sur Rome. Ils règlent leurs différends par des batailles entre légions romaines rivales. Jules César remporte la bataille de Pharsale.

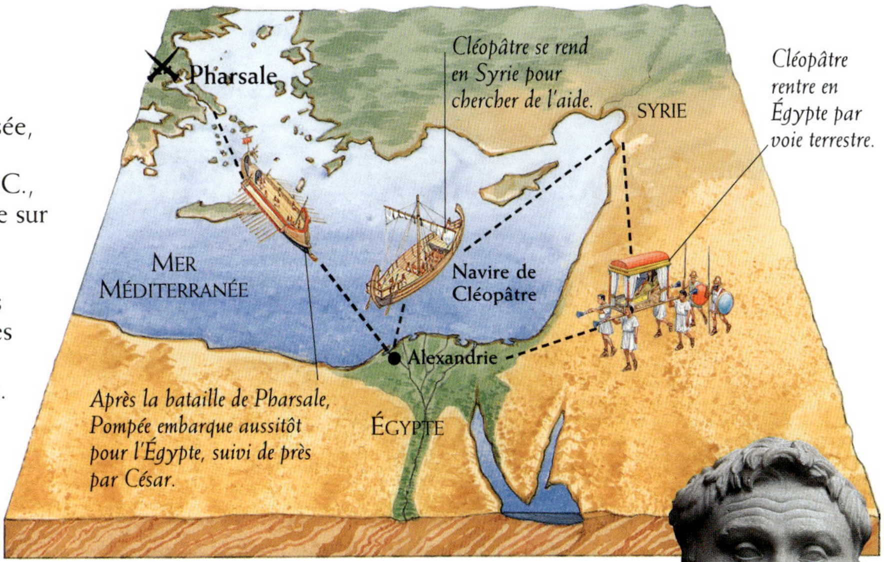

Pompée

UNE FIN BRUTALE

Alors que Cléopâtre navigue vers la Syrie, son allié Pompée se hâte vers l'Égypte, dans l'espoir que Ptolémée et Cléopâtre lui fourniront de l'argent et des soldats. Dès son arrivée près de Péluse, Pompée est assassiné par les partisans de Ptolémée.

AUX AGUETS
Des vigies surveillent la mer, car des pirates attaquent les navires chargés de richesses.

« Le son même de sa voix donnait du plaisir. Sa langue était comme un instrument à cordes, dont elle jouait dans l'idiome qui lui plaisait. Elle parlait à peu de nations barbares avec un interprète. »

Plutarque, *Vie de Marc Antoine*, 75 apr. J.-C.

DU CHARME ET DE L'ESPRIT

EN 48 AV. J.-C., CÉSAR DÉBARQUE en Égypte, quatre jours après la mort de Pompée. À son arrivée à Alexandrie, les hommes de Ptolémée lui apportent en présent la tête de son rival. César est horrifié par ce meurtre barbare, mais il veut conserver la paix. Il est venu en Égypte réclamer une forte somme d'argent que le père de Cléopâtre lui devait. Il demande donc une audience à Ptolémée et à Cléopâtre pour discuter d'un traité de paix. Cléopâtre n'a aucune confiance en son frère : elle se sait en danger de mort si elle rencontre les conseillers de Ptolémée. Elle a besoin de la protection de César. Une nuit, elle trouve une ruse pour pénétrer dans la chambre de César, prête à user de tous ses atouts pour gagner le soutien du puissant Romain.

UN ÉTRANGE PRÉSENT
Selon la légende, Cléopâtre se serait fait porter, enroulée dans un tapis ou une couverture.

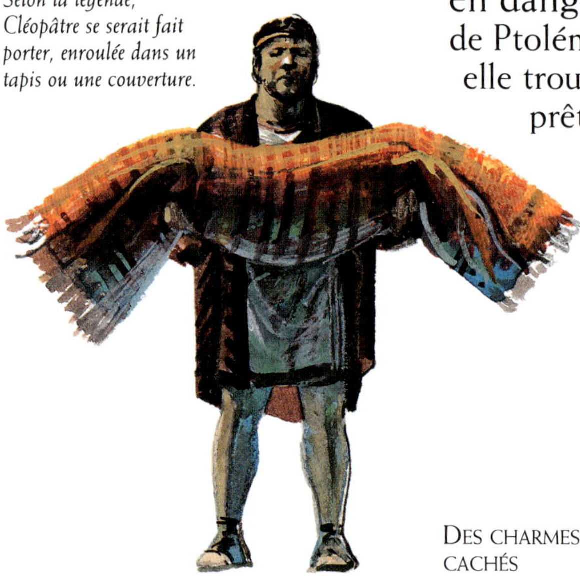

Courage et loyauté
Cléopâtre persuade un marchand, Apollodoros, de l'introduire, au risque de sa vie, dans le palais sous haute surveillance.

DES CHARMES CACHÉS
César est fort surpris de voir le tapis se dérouler, laissant apparaître la reine en personne.

UN CADEAU POUR CÉSAR

Il est d'usage que les puissants s'offrent de somptueux présents. Aussi César ne doit-il pas s'étonner de recevoir un riche tapis de la part de Cléopâtre. Si la reine gagne rapidement les faveurs de l'*imperator*, elle a encore des ennemis à Alexandrie. Quant à César, débarqué avec une simple escorte, il est ravi de trouver une alliée dans la cité hostile.

UN COMPLOT CONTRE CÉSAR

Lorsque Pothin, premier conseiller de Ptolémée, apprend que Cléopâtre a gagné l'appui de César, il monte un complot contre ce dernier. Mais le barbier de César a eu vent de ses projets et Pothin est exécuté. Pendant ce temps, Arsinoé parvient à s'enfuir de la ville et rejoint le général Achillas et l'armée égyptienne en marche contre César.

La cité du savoir
Cléopâtre utilise tout son savoir et son intelligence pour conserver le pouvoir. Les Lagides ont fait d'Alexandrie un haut lieu culturel. À l'époque de Cléopâtre, la bibliothèque est la plus grande du monde.

JULES CÉSAR
Impressionné par l'audace de Cléopâtre, César tombe rapidement sous le charme de la reine.

La pierre de Rosette
La pierre de Rosette comporte des textes dans les trois langues en usage en Égypte à l'époque de Cléopâtre : les hiéroglyphes (utilisés pour les décrets royaux et les textes religieux), le démotique (forme simplifiée des hiéroglyphes) et le grec (langue maternelle de Cléopâtre). Cléopâtre est célèbre pour sa maîtrise de ces langues et de beaucoup d'autres.

La pierre de Rosette est une plaque de basalte trouvée près de Rosette, dans le delta du Nil.

LA COLÈRE DE PTOLÉMÉE

Lorsque Ptolémée XIII découvre que Cléopâtre s'est alliée à César, il quitte le palais et jette son bandeau royal dans un accès de rage. Le palais est alors assiégé par l'armée égyptienne. Dans l'espoir d'apaiser les Égyptiens, César autorise Ptolémée à quitter la cité pour rejoindre sa sœur Arsinoé et le général Achillas. Le roi se noie dans le Nil au cours d'une bataille. Seule sa cuirasse dorée sera retrouvée.

UNE BEAUTÉ ROYALE

CLÉOPÂTRE SAIT QUE L'APPARENCE compte beaucoup, que c'est un atout important pour obtenir ce qu'elle veut de César, mais aussi de son peuple. Elle choisit donc ses tenues avec soin selon les occasions. Pour les cérémonies officielles de rite égyptien, elle porte probablement le costume traditionnel : longue tunique de lin plissée, ornée de perles et de broderies. Dans l'intimité du palais, elle se pare sans doute de robes dans le style grec, en fine toile de lin ou en soie. Mais en toute circonstance, elle sait qu'elle doit donner l'image d'une reine forte, puissante, sûre d'elle-même.

Un miroir en métal
Le miroir en verre n'existe pas encore au temps de Cléopâtre. Les miroirs sont faits de métal fortement poli. La poignée de celui-ci est une jeune servante portant une coiffure en fleur de lotus.

De belles poteries
Le maquillage est conservé dans des céramiques décorées. Le bâton sert à appliquer le produit.

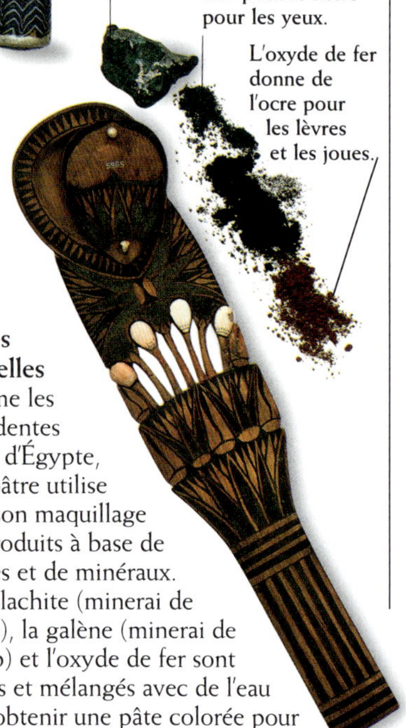

La malachite donne une poudre verte pour les yeux.

La galène donne une poudre noire pour les yeux.

L'oxyde de fer donne de l'ocre pour les lèvres et les joues.

Des teintes naturelles
Comme les précédentes reines d'Égypte, Cléopâtre utilise pour son maquillage des produits à base de plantes et de minéraux. La malachite (minerai de cuivre), la galène (minerai de plomb) et l'oxyde de fer sont broyés et mélangés avec de l'eau pour obtenir une pâte colorée pour les yeux, les lèvres et les joues.

Les parfums et les fleurs
Les Égyptiens apprécient la fleur du lotus sacré pour son parfum délicat. Ils fabriquent des parfums à base d'huiles de bois odorant, comme le cèdre, mais aussi de cannelle, de miel, de myrrhe ou de henné.

Le lotus au doux parfum est symbole de renaissance, d'une vie nouvelle après la mort.

LA PROPRETÉ

Les Égyptiens de l'Antiquité apportent un grand soin à leur toilette. Les plus riches, comme Cléopâtre, ont des salles de bains, le peuple se lave dans l'eau du fleuve.

DES MAINS ATTENTIONNÉES
Après le bain, les servantes de Cléopâtre l'enveloppent dans de douces serviettes de lin et la massent avec des huiles essentielles.

UN VISAGE DE REINE

En tenue égyptienne officielle, Cléopâtre est coiffée d'une lourde perruque. Elle porte également le maquillage épais des reines d'Égypte : paupières teintées, contour des yeux souligné d'un trait, joues fardées de rouge.

Les lèvres sont colorées avec de l'ocre (terre rouge), des extraits de plantes ou d'algues.

Cléopâtre porte de fines sandales de cuir ornées de métal.

DES CRÉATURES SACRÉES
Nos chats domestiques, originaires d'Égypte, ont été importés en Europe dès l'époque grecque.

Les portraits de Cléopâtre

On ignore comment était Cléopâtre : les portraits qui lui ont survécu sont tous différents. Les traits et la coiffure de cette tête romaine évoquent son effigie sur les pièces de monnaie, mais la reine portait le diadème. Les déesses sont figurées sous les traits de Cléopâtre, mais ces portraits ne sont pas nécessairement ressemblants.

Style hellénistique

Style égyptien

LES ORNEMENTS

Cléopâtre porte de magnifiques bijoux, un maquillage soigné et de riches parfums. Parfois, ses ongles et la paume de ses mains étaient ornés de motifs peints au henné.

UN SYMBOLE ROYAL
Le cobra représente la déesse Ouadjet, protectrice des rois et des reines.

« Sa beauté n'était pas incomparable ni propre à émerveiller [...], mais son commerce familier avait un attrait irrésistible, et l'aspect de sa personne, joint à sa conversation séduisante et à la grâce naturelle répandue dans ses paroles, portait une sorte d'aiguillon. »

Plutarque,
Vie de Marc Antoine,
75 apr. J.-C.

Un protecteur puissant

CLÉOPÂTRE SE SENT ENFIN EN SÉCURITÉ. Ptolémée XIII et ses partisans sont morts et César promet sa protection au nouveau couple royal : Cléopâtre épouse son plus jeune frère, Ptolémée XIV, âgé de onze ans. Elle entreprend une croisière sur le Nil avec César pour montrer à ses sujets sa nouvelle puissance politique. La rumeur se répand que Cléopâtre serait enceinte des œuvres de César. Lorsque César retourne à Rome, il lui laisse une garde de 15 000 hommes.

JULES CÉSAR
Brillant stratège militaire, César gouverne Rome avec ambition.

« L'aîné des fils de Ptolémée étant mort, César plaça le royaume entre les mains du plus jeune, avec Cléopâtre, la plus âgée des deux sœurs, qui restait ainsi au pouvoir sous la protection et la tutelle de Rome. »

Récit de la guerre alexandrine par un officier de Jules César, 47 av. J.-C.

Les murs du temple d'Hathor sont décorés de bas-reliefs semblables. De grands portraits de Cléopâtre et de Césarion, fruit de son union avec César, y ont été gravés sur commande de la reine (voir p. 27).

Mammisi romain de Dendérah construit sous le règne de Néron.

LA ROME DE CÉSAR

EN 46 AV. J.-C., APRÈS AVOIR PRIS le contrôle de l'Égypte, César rentre à Rome, où il est accueilli en héros. Cléopâtre s'arrange bientôt pour venir le rejoindre, sous prétexte de négocier un traité de paix entre l'Égypte et Rome. Elle veut surtout s'assurer la protection de César. Elle voyage en compagnie du jeune pharaon, son frère Ptolémée XIV, pour éviter que ce dernier ne tente, avec l'aide de ses conseillers, de s'approprier le pouvoir en son absence. Beaucoup de Romains sont choqués par la relation qui unit César et Cléopâtre. Ils craignent que César ne veuille imposer un régime du type des royautés orientales souvent condamnées pour leur luxure.

L'arrivée à Rome
Cette scène du film *Cléopâtre*, tourné à Hollywood en 1963 avec Elizabeth Taylor dans le rôle de Cléopâtre, montre la reine arrivant à Rome avec son fils Césarion.

LE « TRIOMPHE »
Une procession victorieuse, appelée triomphe, saluait habituellement le retour des héros romains : c'était un grand honneur.

ARSINOÉ ENCHAÎNÉE
Arsinoé défile, enchaînée, au triomphe de César, qui célèbre ses victoires sur la Gaule, l'Égypte, le nord-ouest de l'Afrique et la Turquie.

UNE FOULE EN COLÈRE
Les citoyens romains n'apprécient pas l'humiliation faite à Arsinoé. Les gardes doivent user de leurs lances pour maintenir la foule à distance.

LE TRIOMPHE DE CÉSAR

César célèbre ses victoires en paradant dans les rues de Rome avec ses prisonniers. La sœur de Cléopâtre, Arsinoé, qui a conduit l'armée égyptienne contre César, est menée dans les rues, enchaînée et tête nue. C'est un déshonneur pour une femme de son rang d'apparaître en public de cette façon : les Romaines portent toujours une grande cape et un voile pour sortir. Cependant, la dignité et le courage d'Arsinoé émeuvent la foule. César fait libérer la jeune femme qui trouve refuge à Éphèse, dans le temple d'Artémis.

LES TROUBLES EN ÉGYPTE

44 AV. J.-C. : LA NOUVELLE de l'assassinat de César se répand comme une traînée de poudre. Cléopâtre, alors à Rome, décide de regagner son pays en toute hâte. Sans la protection de César, son royaume est à nouveau en danger car de nombreux pays hostiles convoitent ce riche État. Cléopâtre garde son fils Césarion auprès d'elle, craignant qu'il ne soit assassiné par les ennemis de César. Ptolémée XIV disparaît mystérieusement. Cléopâtre l'a certainement fait empoisonner afin de gouverner avec son jeune fils.

La lutte pour le pouvoir
De retour en Égypte, Cléopâtre se heurte à une situation difficile. Si elle peut compter sur une grande partie de la noblesse alexandrine, des troubles surviennent, notamment avec un usurpateur qui se fait passer pour Ptolémée XIII. Cléopâtre se montre à la fenêtre « des audiences » du palais royal et lance des cadeaux à la foule.

De riches récompenses

TRADITIONNELLEMENT, LES PHARAONS et reines d'Égypte récompensaient la loyauté de leurs sujets par de magnifiques présents à l'image de ce collier en or. Comme les dynasties précédentes, les Lagides possèdent de grandes quantités d'or, bijoux et autres trésors, offerts aux pharaons au cours de l'histoire comme tribut par les peuples conquis, ou payés au titre de l'impôt.

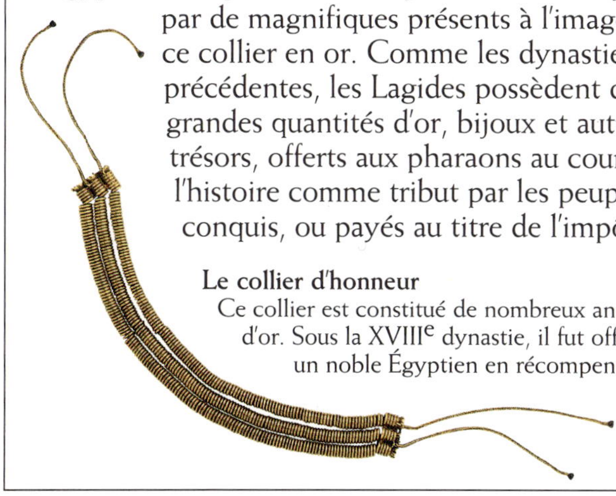

Le collier d'honneur
Ce collier est constitué de nombreux anneaux d'or. Sous la XVIIIe dynastie, il fut offert à un noble Égyptien en récompense.

Cléopâtre lance des récompenses à ses fidèles sujets.

Romains contre Romains
Octave, Antoine et Lépide ont chacun des armées de soldats loyaux, bien entraînés à la guerre, qui s'affrontent dans de durs combats. Cassius et Brutus, les chefs des conjurés qui ont assassiné César, cherchent également à s'emparer du pouvoir.

UNE ARRIVÉE DIGNE D'UNE REINE

APRÈS LE MEURTRE DE CÉSAR, la guerre civile fait rage à Rome entre les différentes factions qui cherchent à accaparer le pouvoir. Trois successeurs potentiels se disputent, avec leurs armées, la place de chef suprême : Octave (le neveu de César, qui se fait désormais appeler Octavien), Marc Antoine (dit Antoine) et Marc Lépide (Lépide). Après trois années d'âpres luttes, ils s'accordent en 42 av. J.-C. pour se partager le vaste empire. Antoine obtient le contrôle de la partie orientale de la Méditerranée, dont l'Égypte.

Antoine est bien plus âgé qu'Octave. C'est un rude soldat, sans pitié, qui a remporté de nombreuses grandes victoires pour Rome.

Abandonné par ses troupes, Lépide devra finalement conclure une alliance avec son rival Octave.

Octave est jeune et sans expérience, mais intelligent et très ambitieux.

TROIS CHEFS POUR ROME

Pour vaincre leurs ennemis, Octave, Antoine et Lépide décident de s'associer contre Brutus et Cassius. En 42 av. J.-C., l'armée d'Antoine triomphe de Brutus et de Cassius à la bataille de Philippes. Octave, Antoine et Lépide concluent un traité de paix, s'octroyant le pouvoir pour cinq ans : c'est le triumvirat. En récompense de sa bravoure et de ses victoires, Antoine obtient une grande part de l'Empire romain, dont le droit de disposer de l'Égypte.

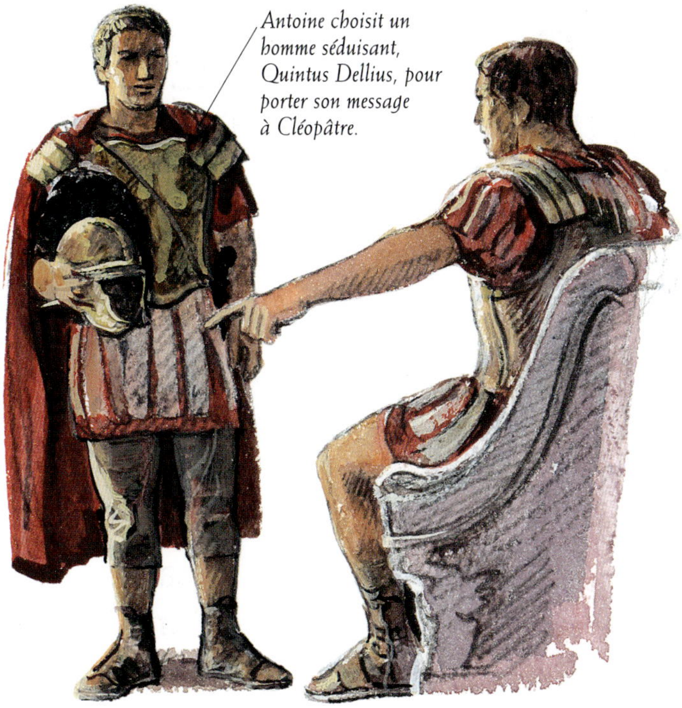

Antoine choisit un homme séduisant, Quintus Dellius, pour porter son message à Cléopâtre.

« Cléopâtre remonta le fleuve Cydnus sur un navire à la poupe d'or, avec des voiles de pourpre déployées et des rames d'argent manœuvrées au son de la flûte marié à celui des syrinx et des cithares. »

Plutarque,
Vie de Marc Antoine,
75 apr. J.-C.

UNE CONVOCATION IMPÉRIEUSE

Pour contrôler l'Égypte, Antoine doit s'assurer le soutien de Cléopâtre. Il craint qu'elle ne s'allie avec ses ennemis. Antoine a besoin de l'or d'Égypte pour payer ses armées et se maintenir à la tête de son nouvel empire, et du blé d'Égypte pour nourrir ses hommes. Antoine écrit à Cléopâtre, qui ne répond pas. Il la somme alors de venir à sa rencontre, à Tarse.

Les voiles sont en soie – une étoffe précieuse venant de Chine. La teinture pourpre, d'une grande rareté, coûte plus cher que l'or.

Les ponts et les voiles de la barque sont si richement parfumés qu'ils embaument l'air d'une senteur exquise.

UNE RÉPONSE TARDIVE

Cléopâtre n'est pas pressée de répondre à Antoine. Elle se fait sciemment attendre. Elle sait bien qu'Antoine a besoin de l'or égyptien et décide de lui demander sa protection en échange. Elle veut aussi de l'aide pour se débarrasser de ses ennemis, dont Arsinoé, sa sœur.

L'ATTENTE D'ANTOINE

Antoine attend Cléopâtre à Tarse. Il entend la clameur de la foule, amassée sur les bords du fleuve pour admirer l'arrivée spectaculaire de la reine.

« Je hais la reine [...] même si les cadeaux qu'elle m'a promis sont d'une grande valeur littéraire et non indigne de moi. »

Cicéron, orateur et auteur romain, à qui Cléopâtre offrit des livres de la bibliothèque d'Alexandrie, *Lettres de l'Attique*, 44 av. J.-C.

Une reine à Rome
À Rome, Cléopâtre séjourne dans l'une des splendides villas de César. Elle y tient sa cour, recevant les dignitaires romains et leur offrant de splendides cadeaux. Elle espère ainsi gagner leurs faveurs.

Les temples et les hommages

Pour remercier les dieux de sa victoire à Pharsale, Jules César construit à Rome un nouveau temple dédié à Vénus Genetrix (la « mère originelle »). Il y fait placer une magnifique statue dorée de Cléopâtre.

Le forum romain
Cette photographie montre les ruines du forum romain (place du marché et lieu de réunion), où César a bâti le temple de Vénus Genetrix.

La déesse de l'amour
La famille de César se réclame de l'ascendance de Vénus. Il fait honneur à Cléopâtre en plaçant sa statue dans le temple.

LA MORT DE CÉSAR

En récompense de ses victoires, le Sénat proclame César dictateur (magistrat suprême, investi de tous les pouvoirs) pour dix ans à partir de 46 av. J.-C. Deux ans plus tard, il est nommé dictateur à vie. Mais certains Romains craignent que César ne devienne trop puissant et ne demande à être roi. Une soixantaine de conspirateurs décident qu'il doit mourir.

En 44 av. J.-C., Jules César est poignardé au cours d'une réunion du Sénat.

Le complot contre César est dirigé par Brutus et Cassius.

Le niveau des crues
La survie du peuple égyptien est étroitement liée aux crues du Nil dont le niveau est mesuré avec précision. Ces instruments, les « nilomètres », sont placés le long des rives du fleuve, pour vérifier à quel rythme l'eau monte ou descend. Les marches et les marques sur les murs indiquent le niveau du Nil. Lorsque les crues sont trop faibles, le soleil brûle la terre et toute culture devient impossible.

SÉCHERESSE ET FAMINE

Deux années de suite durant le règne de Cléopâtre, les crues du Nil sont insuffisantes. Il n'y a pas assez d'eau dans le fleuve pour irriguer les champs, pas de boues pour fertiliser la terre. Les récoltes sont maigres, le bétail meurt. Le peuple souffre de la famine et de maladies.

LES FAUTEURS DE TROUBLES

À son retour en Égypte, Cléopâtre doit faire face à un complot ourdi par Arsinoé, qui s'est alliée aux ennemis de César pour reprendre le contrôle du pays. À la cour d'Alexandrie, un grand nombre de personnages puissants sont favorables à Arsinoé et hostiles à Cléopâtre.

LA GROGNE
Les nobles et les fonctionnaires reprochent à Cléopâtre de ne pas venir en aide aux victimes des famines. Mais l'Égypte étant le principal producteur de blé du monde romain, Cléopâtre ne sait où trouver des vivres.

Cléopâtre et Césarion
Bas-relief du temple de Dendérah
À son retour en Égypte, Césarion n'est encore qu'un petit enfant mais Cléopâtre commande ce bas-relief les figurant en souverains puissants.

> « Le bruit se répandait partout que c'était Aphrodite qui, pour le bonheur de l'Asie, venait en partie de plaisir chez Dionysos. »
>
> Plutarque, *Vie de Marc Antoine*, 75 apr. J.-C.

Les jeunes et belles servantes de Cléopâtre répandent des pétales de roses sur le passage d'Antoine.

COMME UNE DÉESSE

Pendant son séjour à Tarse, Cléopâtre rencontre Antoine pour discuter des termes de leur alliance. Vêtue en Aphrodite, déesse grecque de l'amour, elle offre à Antoine des couronnes de feuilles de vigne. C'était une coutume grecque d'offrir aux invités de marque des guirlandes de fleurs. Mais Cléopâtre choisit les feuilles de vigne, symbole de Dionysos, dieu de la vigne et du vin. Elle tient ainsi à rappeler à Antoine que, selon la légende, c'est à Tarse que Dionysos et Aphrodite se rencontrèrent et s'aimèrent.

La couronne de feuilles de vigne, symbole de Dionysos, dieu du vin

Une majesté auréolée de mystère

Antoine a convoqué Cléopâtre à Tarse, en Turquie, où il se prépare à livrer combat contre les Parthes qui occupent la partie orientale de l'Empire romain. Cléopâtre sait que cette rencontre est décisive pour l'avenir de l'Égypte. Elle connaît suffisamment la réputation d'Antoine pour savoir qu'il est un rude soldat, attiré par les belles femmes et le luxe exotique. C'est pourquoi elle met en scène son arrivée dans un bateau richement décoré, pour s'entourer d'une aura de mystère, de majesté et de séduction.

L'ARRIVÉE À TARSE
Cet épisode de l'histoire de Cléopâtre a inspiré bien des artistes. Ce tableau de Claude Lorrain représente Antoine accueillant Cléopâtre. Les bâtiments et les navires de ce tableau correspondent à ceux du XVIIe siècle et non à ceux de l'époque de Cléopâtre.

UN PALAIS FLOTTANT
Le navire royal de Cléopâtre est en bois précieux, avec la poupe (l'arrière du bateau) rehaussée et dorée.

APHRODITE
Habillée en Aphrodite, déesse de l'amour, Cléopâtre est étendue sur un divan sous un dais brodé d'or.

L'air résonne d'une douce musique. Il est chargé de parfums envoûtants.

La musique et la danse

Dans l'Antiquité, les célébrations égyptiennes et grecques sont accompagnées de musique. La harpe et le luth animent banquets et fêtes. Les palais résonnent du son de la lyre, du hautbois et du tambourin. Chanteurs, bouffons, danseurs et acrobates divertissent les convives.

La lyre accompagne le chant, ou est jouée par un poète récitant ses propres vers.

Le luth joue des danses rapides et animées, et des chansons d'amour tendres et mélancoliques.

DES LUMIÈRES MAGIQUES
Après cette arrivée spectaculaire à Tarse, Antoine invite Cléopâtre à dîner en sa compagnie. Mais la reine décline l'invitation, souhaitant recevoir Antoine à son bord. Elle lui prépare une réception splendide : il faut qu'il soit ravi, étonné et très impressionné. Elle fait décorer l'embarcation de milliers de petites lampes à huile composant des motifs scintillants et fascinants.

ANTOINE ET CLÉOPÂTRE

CLÉOPÂTRE PARVIENT À SES FINS. Lors de sa visite spectaculaire à Tarse, elle gagne Antoine à sa cause. Oubliant sa guerre contre les Parthes, il se précipite en Égypte. Antoine et Cléopâtre passent l'hiver 41 av. J.-C. à Alexandrie, où ils ne se quittent pratiquement jamais. Cléopâtre assiste aux exercices de l'armée d'Antoine. Ensemble, ils font de somptueux voyages sur le Nil. Elle le flatte, écoute ses récits de bataille, organise pour lui des festins féeriques. Cléopâtre est enceinte, elle attend des jumeaux. Antoine, leur père, n'assiste pas à la naissance. Au début de l'an 40 av. J.-C., il doit rentrer à Rome, où son épouse, Fulvia, a monté une rébellion contre Octave.

Des bois odorants et des huiles essentielles sont brûlés, remplissant l'air de senteurs délicieuses.

DES METS EXTRAORDINAIRES
Cléopâtre fait venir des mets rares des quatre coins du monde, pour subjuguer Antoine.

Antoine est fier de son robuste physique. Il aime se vêtir en Hercule, le légendaire héros romain, ou en Dionysos, dieu du vin et de la fête.

Chez elle, dans son palais royal, Cléopâtre porte d'élégantes robes grecques et de somptueux bijoux.

DES FESTINS FABULEUX

Cléopâtre organise de somptueux banquets pour divertir Antoine. Les écrivains grecs et romains rapportent qu'elle ordonnait que douze sangliers soient cuits l'un après l'autre, pour qu'il y en ait toujours un de prêt lorsque Antoine en aurait envie. Ils racontent également qu'Antoine et Cléopâtre sortaient déguisés en serviteurs dans les rues d'Alexandrie, pour aller la nuit jouer des tours aux gens.

Les invités sont installés sur des divans, selon la tradition gréco-romaine. Accoudés sur le bras gauche, ils mangent avec la main droite.

BOIRE ET DANSER
La cité d'Alexandrie regorge de luxe et de divertissements. Les soirées passées à boire du vin et à danser ont toujours été appréciées dans les palais lagides.

Musiciens, acrobates et danseurs divertissent les hôtes de Cléopâtre.

Comme ses ancêtres, Cléopâtre ne regarde pas à la dépense lorsqu'elle organise une réception.

Couchés sur des divans, les invités se servent dans les plats qu'une armée de serviteurs fait circuler.

La vaisselle est d'or et de verrerie décorée. Les divans sont recouverts des tissus les plus raffinés, souvent tissés de fils d'or et d'argent.

Des histoires extravagantes
Les histoires ne manquent pas sur l'extravagance de Cléopâtre. Ce tableau du XVIIIe siècle s'inspire d'une légende selon laquelle Cléopâtre faisait dissoudre des perles rares dans du vin pour les absorber. En réalité, le vin ne peut dissoudre les perles.

Une coupe
Alexandrie était réputée pour la production de magnifiques verreries décorées, comme cette belle coupe à vin.

Un mariage romain
Cette sculpture figure un mariage romain. En l'an 40 av. J.-C., Fulvia, épouse d'Antoine, décède. Antoine signe alors un traité de paix avec Octave. En gage de cette alliance, il épouse Octavie, sœur d'Octave.

> « *Cleopatrae Reginae Regum Filorum Regum.* " À Cléopâtre, Reine des Rois dont les fils sont Rois." »
>
> Inscription latine sur des pièces de monnaie battues sur l'ordre d'Antoine, 34 av. J.-C.

LA REINE DES ROIS

CLÉOPÂTRE GOUVERNE TOUJOURS l'Égypte, d'où Antoine reste absent durant près de quatre ans. En 36 av. J.-C., après une défaite désastreuse en Parthie, il revient à Alexandrie. Il est accueilli par Cléopâtre qui a besoin d'un allié fort pour préserver l'indépendance de l'Égypte. Antoine a de l'audace et de l'ambition, il a une immense armée de soldats loyaux, prêts à se battre pour lui. Il veut établir un empire en Afrique du Nord et au Moyen-Orient pour défier la puissance de Rome. Cléopâtre est à ses côtés, car ces plans renforcent son pouvoir. En 35 av. J.-C., Cléopâtre et Antoine ont un troisième enfant, un fils nommé Ptolémée Philadelphe. Au début de l'an 34 av. J.-C., Antoine envahit l'Arménie et revient à Alexandrie en triomphe. Cléopâtre est couronnée « Reine des Rois » et tous ses enfants reçoivent des titres royaux.

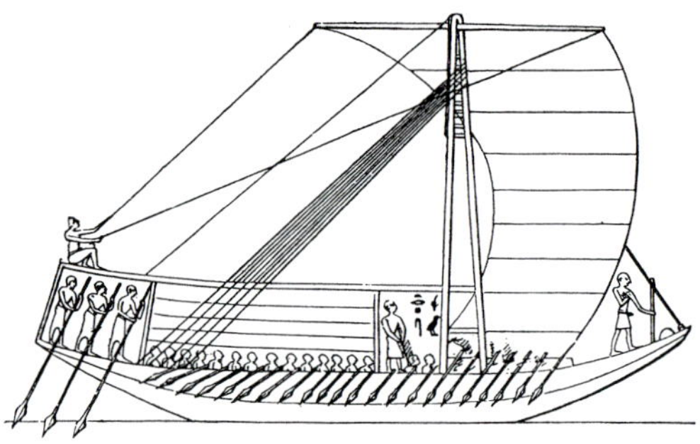

Une flotte de combat
Cléopâtre a besoin de navires de combat pour défendre l'Égypte et garder le contrôle des pays du Moyen-Orient, qu'Antoine et elle revendiquent comme leur empire. Avec les bois du Moyen-Orient, principalement de Syrie, les habiles charpentiers égyptiens construisent une flotte puissante.

DES TITRES ROYAUX

Pour sceller leur alliance, Cléopâtre et Antoine confèrent à leurs jeunes enfants des titres royaux : chacun est nommé roi d'un pays placé sous la domination d'Antoine.

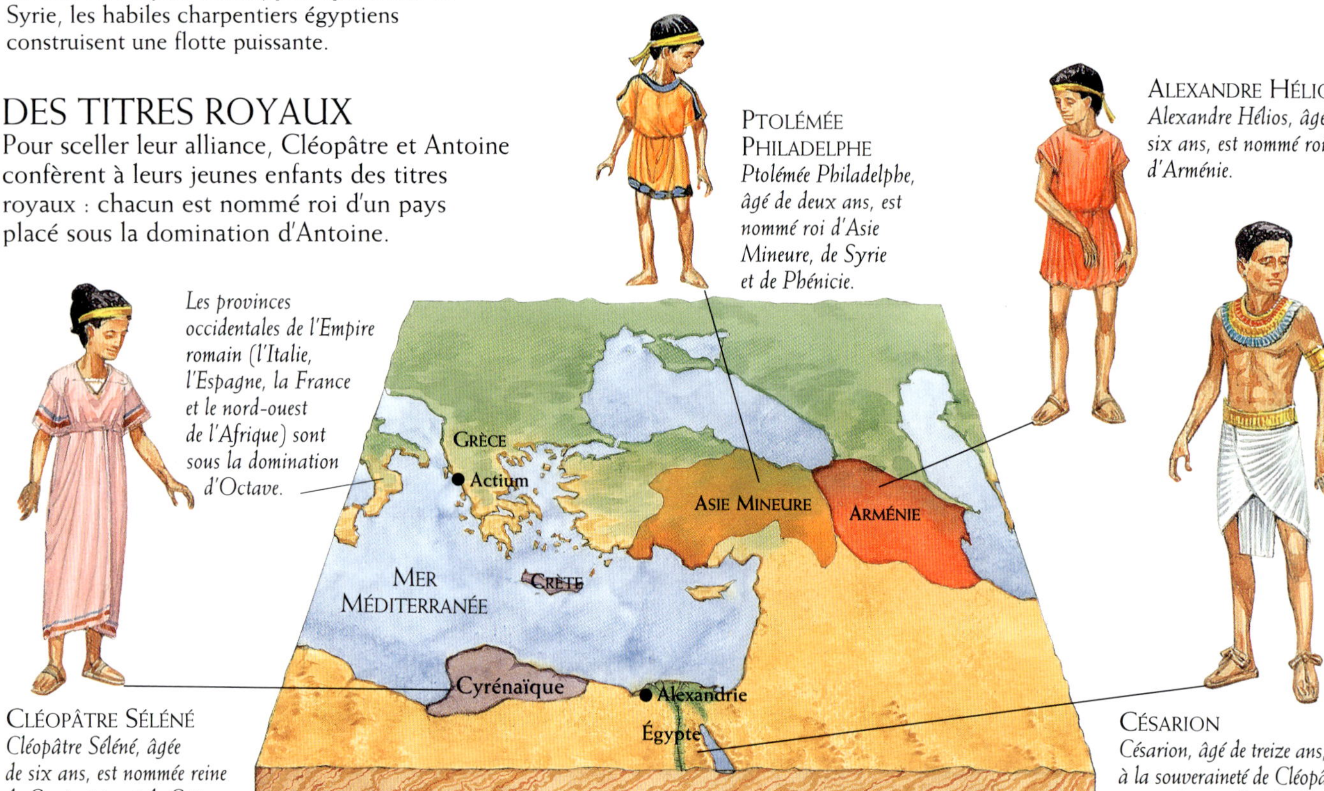

PTOLÉMÉE PHILADELPHE
Ptolémée Philadelphe, âgé de deux ans, est nommé roi d'Asie Mineure, de Syrie et de Phénicie.

ALEXANDRE HÉLIOS
Alexandre Hélios, âgé de six ans, est nommé roi d'Arménie.

Les provinces occidentales de l'Empire romain (l'Italie, l'Espagne, la France et le nord-ouest de l'Afrique) sont sous la domination d'Octave.

CLÉOPÂTRE SÉLÉNÉ
Cléopâtre Séléné, âgée de six ans, est nommée reine de Cyrénaïque et de Crète.

CÉSARION
Césarion, âgé de treize ans, associé à la souveraineté de Cléopâtre, est proclamé « Roi des Rois ».

DE GRANDES AMBITIONS

Avec l'aide d'Antoine, Cléopâtre peut espérer faire de l'Égypte un empire riche, civilisé et puissant, comme sous les premiers Lagides près de trois siècles auparavant. Cléopâtre ambitionne notamment de récupérer les anciennes possessions de la dynastie : Antoine lui en concède un certain nombre dont la Syrie, le Liban, la Phénicie et une partie de l'Asie Mineure.

Les effigies royales
En 34 av. J.-C., Antoine fait frapper des monnaies portant l'effigie de Cléopâtre et la mention « Reine des Rois » d'un côté, sa propre effigie de l'autre. Ces pièces d'argent témoignent du pouvoir royal de Cléopâtre et de leur ambition conjointe.

Traître !
Lorsque Octave a vent des ambitieux projets d'Antoine et de Cléopâtre, il tient de virulents discours au Sénat romain, déclarant qu'Antoine est un traître qui ne mérite plus le soutien d'aucun Romain, qu'il soit sénateur, citoyen ou soldat.

Sénateur romain

En guerre contre Rome

BON NOMBRE DE POLITICIENS ROMAINS, menés par Octave, sont choqués par l'alliance d'Antoine et de Cléopâtre et par leurs ambitions impériales. Ils réprouvent le divorce d'Antoine et d'Octavie, son épouse romaine. En 32 av. J.-C., Octave fait saisir le testament d'Antoine. Les Romains sont indignés de son souhait de reposer après sa mort en Égypte auprès de Cléopâtre. La guerre est déclarée à l'Égypte. Octave sait qu'Antoine a encore des amis à Rome. Mais il est sûr d'obtenir l'union des Romains contre l'ambitieuse reine d'Égypte.

Ce tableau de la bataille d'Actium (dans le style d'Eugen Schoen) est extrait du *Panorama de l'histoire du monde*, de M. Reymond.

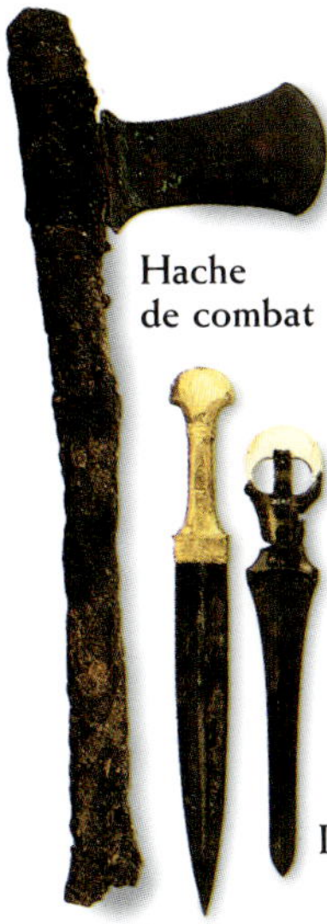

Plusieurs types d'armes sont utilisées à l'époque de Cléopâtre. Les soldats égyptiens combattent à la hache et à la hachette. Les soldats romains ont trois armes principales : l'épée longue pour attaquer, l'épée courte pour poignarder et la dague pour le combat rapproché.

« Antoine attestait que Césarion était le descendant de César [...] offrait de somptueux cadeaux aux enfants qu'il avait eus de la reine d'Égypte [...] et ordonnait que son corps fût enterré près de la reine. »

Dion Cassius,
Histoire de Rome,
155 apr. J.-C.

LA BATAILLE D'ACTIUM

ALLIÉ DE CLÉOPÂTRE ET RIVAL D'OCTAVIEN, ANTOINE se lance dans la guerre contre Rome. Il doit aussi assurer la défense de ses territoires à l'est de l'Empire romain et en Grèce. Craignant une attaque de Rome, Antoine et Cléopâtre se rendent en Grèce avec une immense flotte de guerre. Au printemps 31 av. J.-C., l'armée romaine arrive et, durant plusieurs mois, les navires d'Octave patrouillent dans les eaux grecques, attaquant les soldats d'Antoine, prenant ses forts et coulant ses bateaux. Comble du désastre, ils parviennent même à piéger la flotte d'Antoine et de Cléopâtre dans le golfe d'Amvracique. Dans la zone avoisinante très marécageuse, aux plus fortes chaleurs de l'été, les soldats et les marins qui sont encerclés sont victimes de la malaria. L'eau et la nourriture venant à manquer, beaucoup choisissent de déserter. En septembre, la situation est désespérée. Antoine et Cléopâtre décident de tenter de briser le blocus romain.

Les mercenaires
L'armée d'Antoine et de Cléopâtre compte des soldats romains et égyptiens, mais aussi de nombreux mercenaires. En effet, les rois des pays sous la domination d'Antoine, tels que la Libye, la Cilicie (région de Turquie) et l'Arabie, ont envoyé des soldats combattre aux côtés d'Antoine.

L'AMIRAL AGRIPPA

Parmi les conseillers d'Octave figure l'amiral Agrippa (64 av. J.-C.-12 av. J.-C.), l'un des meilleurs stratèges de l'armée romaine. Octave peut compter sur lui : Agrippa possède une expérience des combats navals nettement supérieure à celle d'Antoine et de Cléopâtre.

• Camp d'Octave

VOILES PARÉES

Habituellement, les navires égyptiens et romains combattaient sans voiles, car celles-ci étaient lourdes et encombrantes, mais à la rame. Avant la bataille d'Actium, Antoine et Cléopâtre ordonnent que les voiles soient parées à être hissées. Ils espèrent forcer le blocus romain.

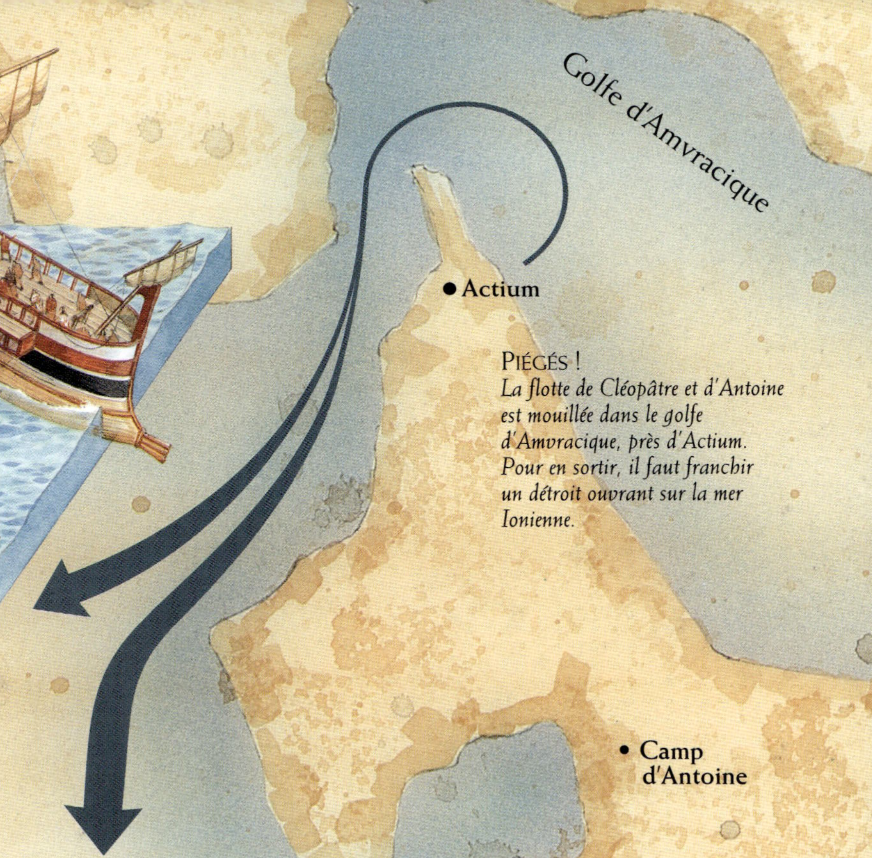

PIÉGÉS !
La flotte de Cléopâtre et d'Antoine est mouillée dans le golfe d'Amvracique, près d'Actium. Pour en sortir, il faut franchir un détroit ouvrant sur la mer Ionienne.

LES TACTIQUES DE COMBAT

Les deux camps ont soigneusement préparé la bataille d'Actium qui a lieu le 2 septembre 31 av. J.-C. Octave veut attirer les navires d'Antoine et de Cléopâtre hors du golfe et les attaquer, profitant de sa supérioté numérique. Antoine donne des ordres pour que ses bateaux percent le blocus romain.

REPÈRES

- Lorsque Antoine et Cléopâtre arrivent en Grèce au début de la campagne, leur flotte compte environ 300 navires romains et 200 navires égyptiens. Quelques mois plus tard, à la bataille d'Actium, il ne leur reste que 230 navires et 20 000 soldats.
- Octave dispose quant à lui de 400 navires et de 37 000 soldats.
- Cléopâtre parvient à s'échapper avec sa propre escadre de 60 navires, dont celui qui contient son trésor.

LE COMBAT NAVAL

Les batailles navales sont menées selon deux stratégies principales. Tout d'abord, les navires essaient d'éperonner leurs adversaires avec leurs rostres ou éperons en bronze, fixés à l'avant du navire. En cas d'échec, ils lancent des cordes et des ancres pour s'emparer du navire ennemi et l'amener à couple. Les soldats montent alors à l'abordage, armés de leur épée, pour un combat au corps à corps.

LA FUITE DE CLÉOPÂTRE

Arrivée en pleine mer, Cléopâtre s'aperçoit qu'elle peut s'échapper. Elle saisit sa chance et prend la fuite. Ses ennemis ont pu la traiter de lâche, mais c'était en fait une sage décision, peut-être prise en concertation avec Antoine. Cléopâtre espère sauver sa flotte et son trésor, pour pouvoir mener des combats ultérieurs. Antoine réussit à fuir peu après, mais de nombreux navires restent aux mains des Romains. Les bateaux sont détruits, de nombreux soldats sont tués ; parmi les survivants, beaucoup se rendent à Octave.

Un retour victorieux
Après la bataille d'Actium, Cléopâtre rejoint le port d'Alexandrie, les drapeaux déployés comme si elle avait remporté une grande victoire. Elle craint que ses ennemis ne la laissent pas rentrer s'ils apprennent qu'elle a été battue par Octave.

MALHEUR AUX VAINCUS !

SA DÉFAITE À ACTIUM PLONGE Antoine dans le désespoir. Retranché dans une petite cellule, sur la jetée, près du port d'Alexandrie, il refuse de voir quiconque. Cléopâtre, de son côté, fait obstinément des plans pour conserver le pouvoir en Égypte. Ses espions l'informent qu'Octave n'a pas assez d'or pour payer ses armées. Il ne peut donc attaquer dans l'immédiat. Mais Cléopâtre sait qu'Octave l'attaquera tôt ou tard, car il a besoin des richesses de l'Égypte. Antoine sort de sa retraite et, à nouveau, des banquets sont donnés au palais. Près d'un an après la bataille d'Actium on apprend que les Romains sont en marche. Cléopâtre envoie un message à Octave, offrant d'abdiquer s'il accepte de laisser ses enfants sur le trône. Mais Octave ne répond pas – il veut gouverner l'Égypte, pour Rome. Antoine réunit son armée et sort de la cité pour affronter Octave.

Vers les rives de la mer Rouge
Pour protéger sa flotte contre l'armée romaine, Cléopâtre prend la décision de faire tracter ses bateaux sur terre pour les mettre à l'abri, dans la mer Rouge. Mais l'un des voisins et ennemis de Cléopâtre, le roi des Nabatéens, met le feu aux navires : toute la flotte est détruite.

LES SCULPTEURS DE PIERRE
D'habiles sculpteurs travaillent au monument funéraire de Cléopâtre. L'extérieur est décoré de riches motifs gravés dans la pierre.

UN MAUSOLÉE MAGNIFIQUE

L'avenir de Cléopâtre est menacé si Octave envahit l'Égypte. La reine commence à expérimenter des poisons et donne l'ordre de terminer la construction de son monument funéraire au plus vite.

LE TRÉSOR

Dès que son mausolée est terminé, Cléopâtre y fait transporter son trésor. Elle pense que son âme lui survivra et qu'elle appréciera ces richesses. C'est en outre un bon moyen de garder en sécurité son or et ses bijoux. Cléopâtre fait savoir qu'elle mettra le feu au mausolée et détruira son trésor si l'armée romaine marche sur Alexandrie.

Boucles d'oreilles hellénistiques (grecques)

La richesse de l'Égypte
Octave envahit l'Égypte parce qu'il a besoin d'or. Il fera fondre tout le trésor de Cléopâtre pour pouvoir payer ses armées.

Ce faucon d'or symbolise le dieu égyptien Horus.

L'Égypte produisait des pierres précieuses, comme ces turquoises, et de l'or, dont les joailliers faisaient de somptueux bijoux.

« S'étant jurés de mourir ensemble, ils passaient en attendant gaiement leur temps avec leurs amis, s'offrant des festins à tour de rôle. »

Plutarque, *Vie de Marc Antoine*, 75 apr. J.-C.

Un tombeau royal
Le mausolée de Cléopâtre fut probablement construit dans le cimetière des Lagides près de la tombe d'Alexandre le Grand. Ses ruines n'ont pas encore été mises au jour.

Pour les Grecs et les Égyptiens, il était important de construire de belles tombes. C'étaient les demeures des âmes des défunts.

Dionysos, dieu de la vigne, du vin et de la fête

Dionysos tient dans ses mains des grappes de raisins.

DIONYSOS

Antoine se croit sous la protection de Dionysos. Par moments, il pense qu'il incarne ce dieu. L'historien grec Plutarque rapporte une histoire à donner des frissons : la nuit précédant la marche d'Octave sur Alexandrie, les habitants de la ville entendirent des rires et des bruits de pas quittant la cité. Le bruit courut ensuite que c'était Dionysos abandonnant Antoine.

La mort d'Antoine

La plupart de ses soldats refusant de combattre, Antoine doit fuir devant l'armée d'Octave. Déshonoré, honteux, Antoine accable Cléopâtre de reproches. Effrayée par sa colère, Cléopâtre se réfugie dans son mausolée et lui fait dire qu'elle est morte. Antoine se poignarde, désespéré. Apprenant la nouvelle, Cléopâtre envoie ses serviteurs le chercher et il meurt dans ses bras.

Bas-reliefs et colonnes
Cette stèle funéraire (pierre dressée gravée) donne un aperçu des monuments au temps des Lagides. L'entrée du mausolée de Cléopâtre était peut-être ainsi.

LA MORT DE CLÉOPÂTRE

QUELQUES SEMAINES APRÈS LE SUICIDE d'Antoine, en 30 av. J.-C., Cléopâtre est morte et l'Égypte sous domination romaine. Elle a été le dernier souverain indépendant d'Égypte, et sa disparition met fin à plus de 3 000 ans de civilisation et de pouvoir égyptiens. Quoiqu'elle ait fait de son mieux pour défendre son pays, l'ingénieuse et séduisante Cléopâtre n'a pas eu raison du pouvoir romain. Après la mort d'Antoine, les troupes romaines entourent le mausolée de Cléopâtre, la maintenant prisonnière de sa tombe. Cependant, Octave la traite bien. Cléopâtre est autorisée à organiser les funérailles d'Antoine et à participer à la cérémonie. Mais Octave refuse de faire de ses enfants des rois-clients de Rome. Cléopâtre décide alors de mourir. Elle ne peut supporter de vivre sous une domination étrangère. À sa mort, l'Égypte perd la plus célèbre et la plus grande de ses reines.

« " Voilà qui est beau, Charmion ! " dit un homme en colère. " Assurément, une très belle fin, répliqua la servante, et digne de la descendante de tant de rois. " »

Plutarque,
Vie de Marc Antoine,
75 apr. J.-C.

De divines gardiennes
Cette peinture sur un sarcophage montre la déesse Isis et sa sœur Nephthys, les pleureuses divines, montant la garde autour du corps d'Osiris. Les défunts sont assimilés au dieu dans l'espoir de revivre dans l'au-delà.

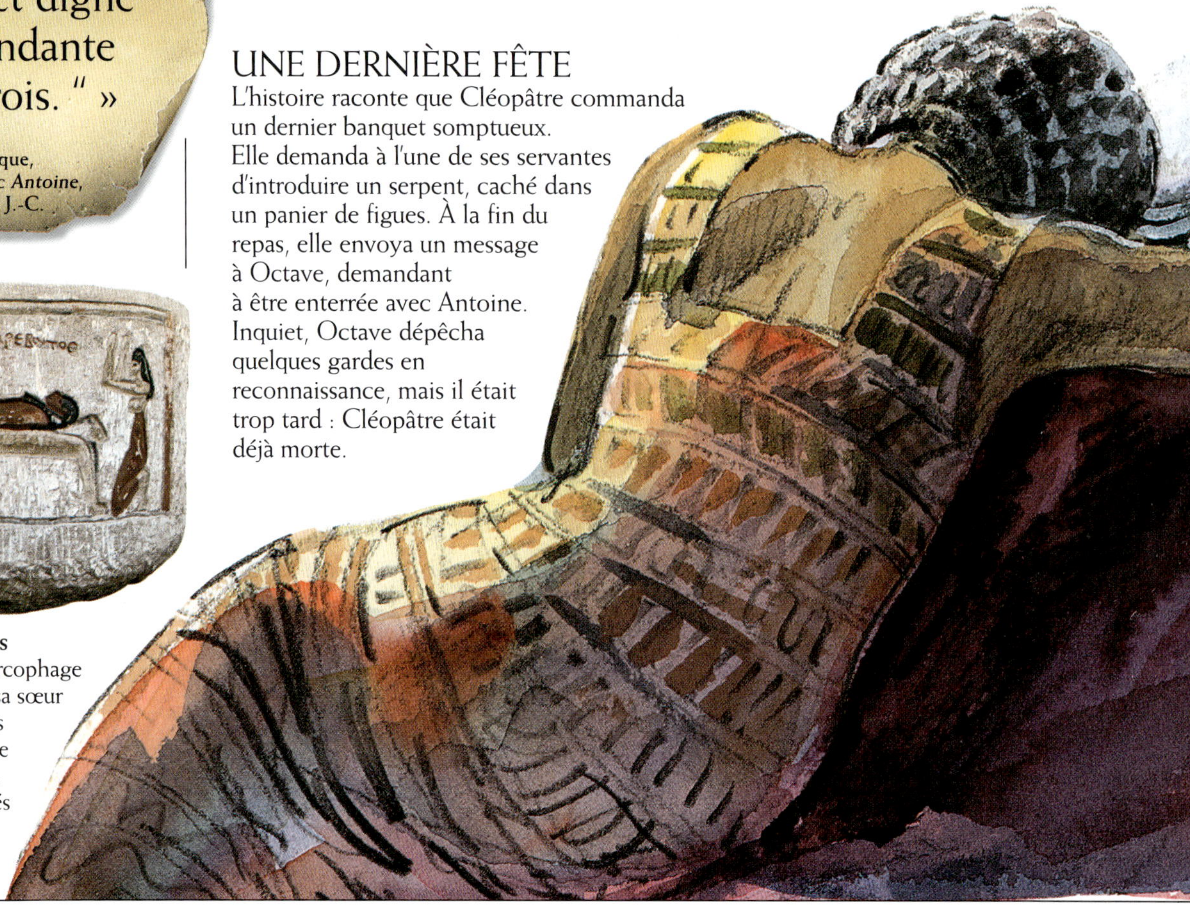

UNE DERNIÈRE FÊTE

L'histoire raconte que Cléopâtre commanda un dernier banquet somptueux. Elle demanda à l'une de ses servantes d'introduire un serpent, caché dans un panier de figues. À la fin du repas, elle envoya un message à Octave, demandant à être enterrée avec Antoine. Inquiet, Octave dépêcha quelques gardes en reconnaissance, mais il était trop tard : Cléopâtre était déjà morte.

Une fin mystérieuse

Le corps de Cléopâtre n'a jamais été retrouvé. Elle s'est très certainement empoisonnée, ayant, selon certaines versions, testé des poisons sur des esclaves.

Mordue par un aspic
La légende la plus courante sur la mort de Cléopâtre voudrait qu'elle ait été mordue par une vipère, un aspic. Mais un aspic n'aurait pas pu mordre Cléopâtre et ses deux servantes.

Les figues fraîches sont des fruits doux et succulents.

L'aspic aurait été dissimulé parmi les figues.

DE FIDÈLES SERVANTES
Les suivantes de Cléopâtre, Iras et Charmion, ont été retrouvées expirant à ses pieds. Elles voulaient ainsi rester au service de la reine pour toujours.

Charmion mourut la dernière.

Une mort digne de la descendante de tant de rois.

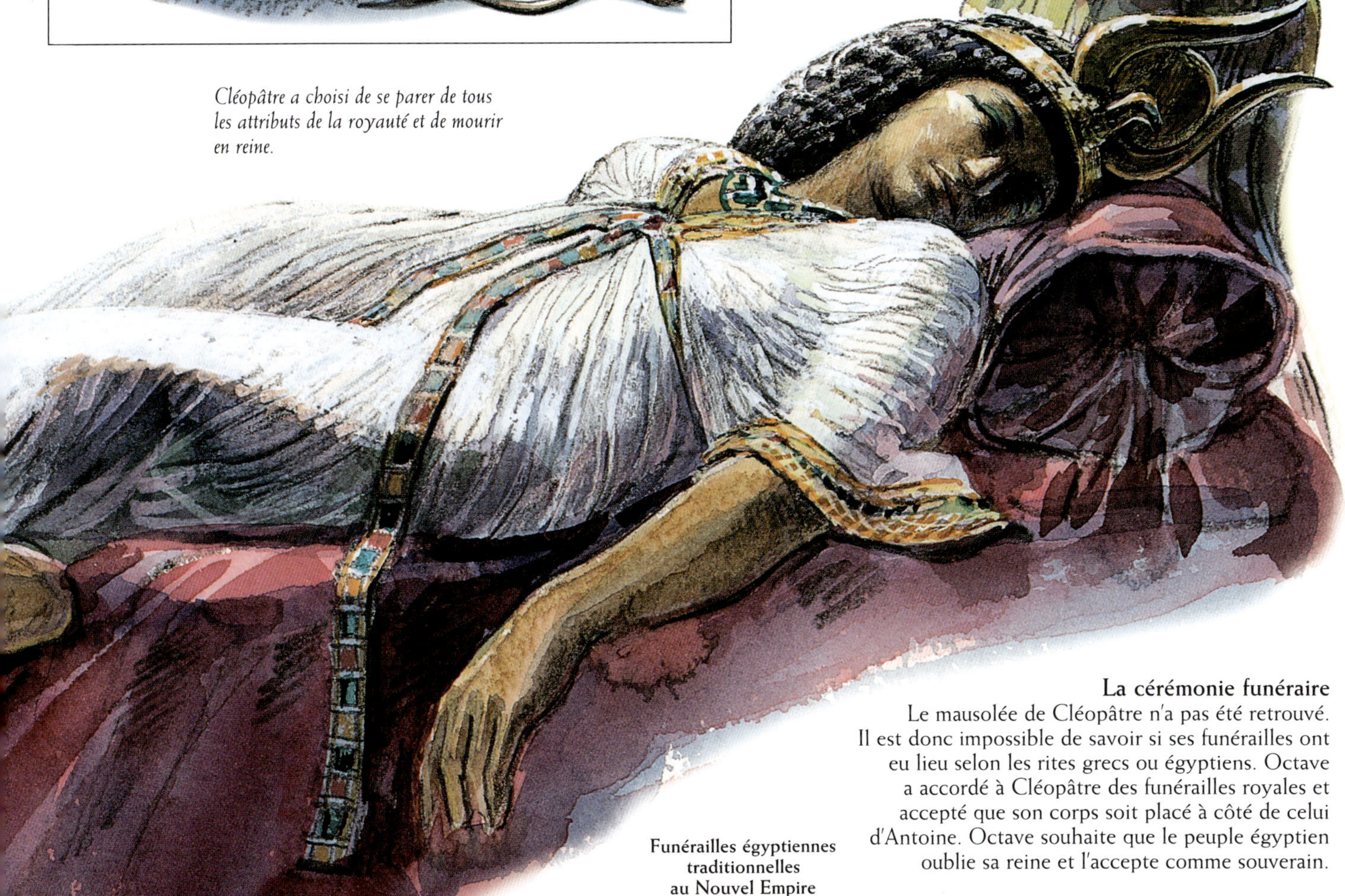

Cléopâtre a choisi de se parer de tous les attributs de la royauté et de mourir en reine.

La cérémonie funéraire
Le mausolée de Cléopâtre n'a pas été retrouvé. Il est donc impossible de savoir si ses funérailles ont eu lieu selon les rites grecs ou égyptiens. Octave a accordé à Cléopâtre des funérailles royales et accepté que son corps soit placé à côté de celui d'Antoine. Octave souhaite que le peuple égyptien oublie sa reine et l'accepte comme souverain.

Funérailles égyptiennes traditionnelles au Nouvel Empire

Après Cléopâtre

Après le décès de Cléopâtre, Octave et l'armée romaine poursuivent sans obstacle leur conquête de l'Égypte. En 30 av. J.-C., Octave est proclamé pharaon d'Égypte. Il fait renverser les statues érigées en l'honneur d'Antoine, mais contre une forte somme donnée par un proche de Cléopâtre, Archiclios, il respecte celles de la reine. Intégrée à l'Empire, l'Égypte tombe sous la domination de Rome pour cinq siècles. Si Alexandrie conserve sa vocation de centre culturel et commercial, tout comme le reste de l'Égypte elle connaît alors un déclin politique et économique.

Le crocodile du Nil, symbole de l'Égypte

L'Égypte captive
Cette pièce frappée en 28 av. J.-C. par le chef des Romains, Octave, portant l'inscription latine « AEGYPTO CAPTA » (l'Égypte vaincue), commémore la mort d'Antoine et de Cléopâtre et célèbre la conquête de l'Égypte par Rome.

Cette statue de pierre représente Marc Antoine.

Les enfants de Cléopâtre

Les historiens pensent que les plus jeunes enfants de Cléopâtre – Cléopâtre Séléné, Alexandre Hélios, Ptolémée Philadelphe – furent envoyés à Rome, pour vivre avec la veuve d'Antoine, Octavie. On perd alors toute trace des deux garçons. Mais Cléopâtre Séléné épouse le roi Juba de Mauritanie, pays de l'ouest de l'Afrique du Nord. Son fils sera nommé Ptolémée.

L'hommage à un héros

Après avoir achevé la conquête de l'Égypte, Octave, se rend sur la tombe d'Alexandre le Grand à Alexandrie. Cléopâtre VII et la dynastie des Lagides descendent d'un des généraux d'Alexandre le Grand. Mais Octave refuse de visiter les mausolées des Lagides, prétextant qu'il vient rendre hommage à un héros et non voir des rois et des reines morts.

Alexandre le Grand (356-323 av. J.-C.)

La place de Cléopâtre dans l'histoire
La mort de Cléopâtre marque la fin d'une ère glorieuse pour l'Égypte.

500 av. J.-C. | 400 av. J.-C. | 300 av. J.-C. | 200 av. J.-C. | 100 av. J.-C. | 0

Environ 2500 av. J.-C. : construction des pyramides de Gizeh

3100-343 av. J.-C. : les pharaons égyptiens gouvernent l'Égypte.

343-332 av. J.-C. : les rois perses règnent sur l'Égypte.

332 av. J.-C. : Alexandre le Grand conquiert l'Égypte.

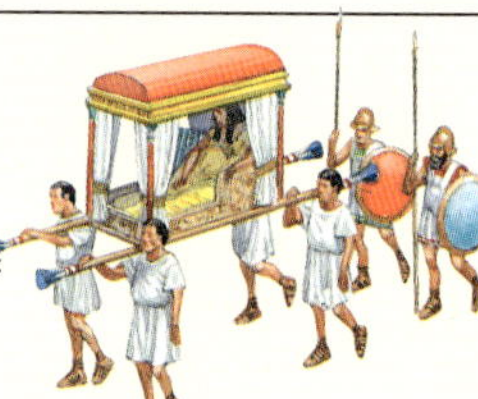

323-30 av. J.-C. : les Ptolémées gouvernent l'Égypte.

52 av. J.-C. : les Romains conquièrent la Grande-Bretagne.

51-30 av. J.-C. : Cléopâtre VII (69-30 av. J.-C.) reine d'Égypte

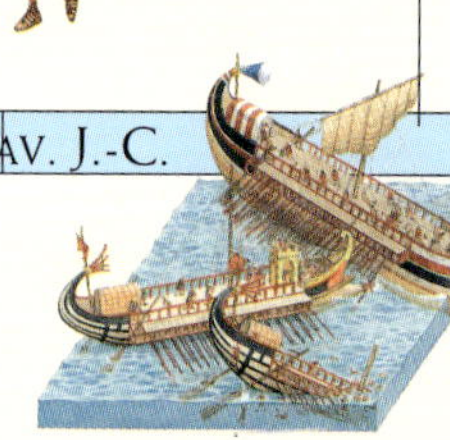

31 av. J.-C. : bataille d'Actium

LE TRIOMPHE D'OCTAVE

Un an après la mort de Cléopâtre, Octave organise un grand triomphe pour célébrer sa conquête de l'Égypte. Les enfants d'Antoine et de Cléopâtre participent probablement à la procession, à côté des fabuleux trésors de la reine.

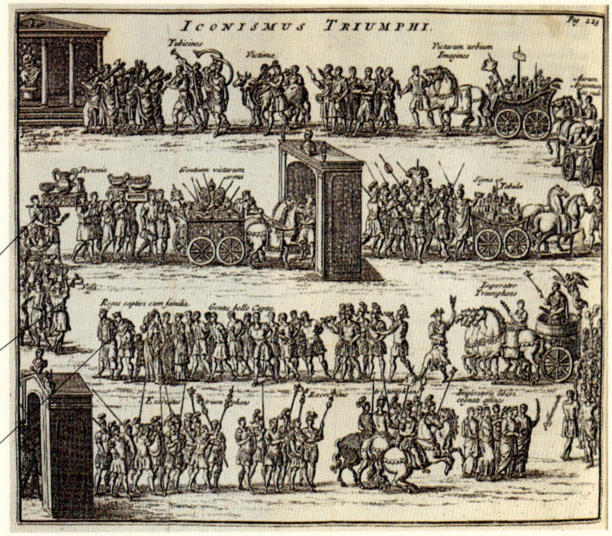

Les objets précieux en or et en argent sont portés en hauteur pour être bien vus.

Les armes, armures et autres trophées sont aussi exposés pour fêter la victoire.

Les rois déchus et leurs familles participent à la procession, enchaînés.

Les feuilles de laurier
Selon la tradition romaine, les généraux vainqueurs portent une couronne de lauriers.

L'Égypte romaine

APRÈS SA CONQUÊTE par Rome, l'Égypte devient le « grenier à blé de l'Empire romain ». L'empire a besoin de grandes quantités de blé pour nourrir ses armées et la population toujours croissante des cités, notamment de Rome. D'autres produits d'Égypte sont très appréciés à Rome : linges fins de lin, papyrus et huiles aromatiques. Les savants, poètes, hommes de science et gladiateurs égyptiens sont célèbres dans tout le monde romain.

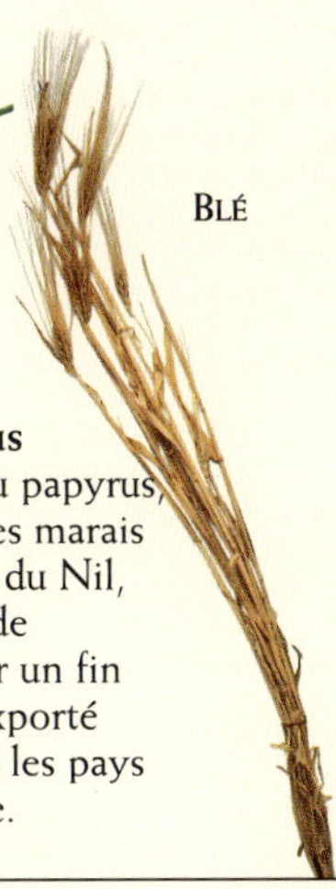

BLÉ

Le papyrus
La tige du papyrus, plante des marais du delta du Nil, permet de fabriquer un fin papier exporté dans tous les pays de l'empire.

Le calendrier julien
En 46 av. J.-C., César, gouverneur de Rome, réforme le calendrier romain en s'appuyant sur les découvertes des astronomes grecs et égyptiens qui travaillaient à Alexandrie, capitale de Cléopâtre. Sous le règne des Lagides, cette cité devient un grand centre de diffusion du savoir. Des voyageurs, souvent conquérants comme Jules César, introduisent à Rome les nouvelles idées en provenance d'Égypte. Le calendrier utilisé dans la majeure partie du monde actuel est basé sur ce modèle.

L'ombre d'une aiguille sur ce cadran solaire de poche indique l'heure.
Les astronomes de l'Égypte ancienne ont été les premiers à utiliser le déplacement du soleil pour mesurer le temps.

MARC ANTOINE

HÉROS OUBLIÉ ?

La plupart des statues de Marc Antoine ont été détruites sur ordre d'Octave, mais un riche Alexandrin paya pour conserver les statues de Cléopâtre. Si Antoine a été quelque peu oublié en Égypte, son effigie a survécu sur de nombreuses pièces romaines. Il est par ailleurs le grand-père et l'arrière-grand-père de trois empereurs romains : Caligula, Claude et Néron.

391 : L'EMPEREUR ROMAIN THÉODORE DÉCLARE LE CHRISTIANISME RELIGION OFFICIELLE DE L'EMPIRE ROMAIN, Y COMPRIS EN ÉGYPTE.

600-900 : DES SOLDATS MUSULMANS ET DES COLONS DU MOYEN-ORIENT INTRODUISENT L'ISLAM EN ÉGYPTE.

100	200	300	400	500	600

27 AV. J.-C.-14 APR. J.-C. : OCTAVE (CÉSAR AUGUSTE) EMPEREUR DE ROME

395 : L'EMPIRE ROMAIN EST DIVISÉ : L'EMPIRE D'OCCIDENT EST BASÉ À ROME, L'EMPIRE D'ORIENT À CONSTANTINOPLE, EN TURQUIE.

476 : FIN DE L'EMPIRE ROMAIN D'OCCIDENT

L'HISTOIRE DE CLÉOPÂTRE : ENTRE RÉALITÉ ET FICTION

Les pièces de monnaie sont souvent le seul témoignage visuel conservé.

Cléopâtre VII est l'une des femmes les plus célèbres de l'histoire. Son destin, source d'inspiration pour les dramaturges, les poètes et les artistes depuis plus de 2 000 ans, exerce toujours la même fascination. En réalité, on sait peu de chose de cette reine. Les détails de sa vie ont été perdus ou restent auréolés de mystère. Quelques fragments de documents attestés de son règne livrent des éléments sur ses faits et gestes ; quelques portraits ou sculptures nous montrent son visage. Ce que l'on sait de Cléopâtre provient des auteurs grecs et romains, favorables à Rome et critiques envers la reine d'Égypte.

La reine Cléopâtre
Certaines reines lagides, dont Cléopâtre VII, ont fait frapper monnaie à leur effigie. Ces pièces magnifiques étaient certainement destinées à propager une bonne image publique. Cette pièce d'or représente Cléopâtre Ire.

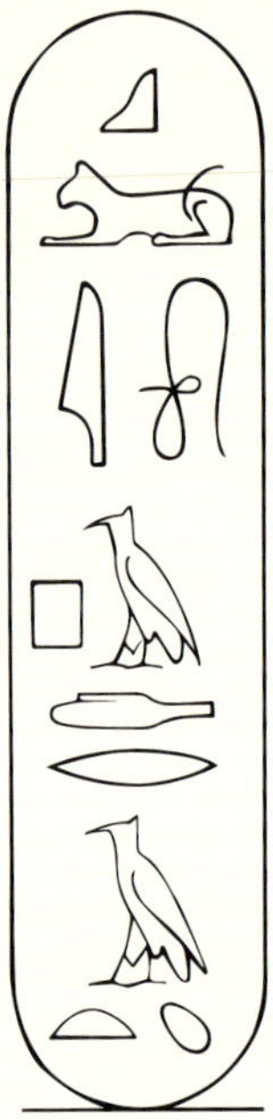

Les hiéroglyphes
Le nom de Cléopâtre a été gravé ou écrit en hiéroglyphes (écriture idéographique) sur les murs des temples et les décrets royaux.

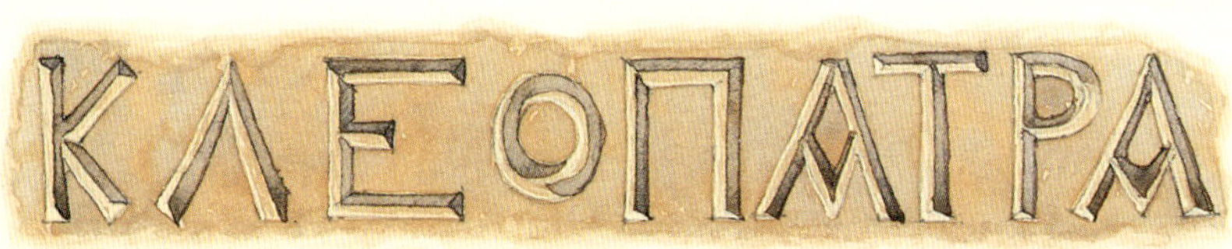

Un nom grec
Le grec était la langue officielle de l'Égypte à l'époque de Cléopâtre. Son nom pouvait aussi s'écrire en caractères grecs, comme ceci.

Le portrait d'une reine
Ce portrait représente une reine lagide, car elle porte une couronne royale sur une coiffure traditionnelle grecque, aux boucles caractéristiques. C'est un portrait de Cléopâtre Ire ou II.

QUELLE CLÉOPÂTRE ?

Quelques sculptures portent gravé le nom « Cléopâtre ». Mais la dynastie des Lagides compte au moins sept reines de ce nom. Cléopâtre VII est la dernière.

LA CITÉ ENGLOUTIE

Aujourd'hui, Alexandrie est une grande cité moderne. Le quartier royal où vivait Cléopâtre a été inondé au XIVe siècle, suite à un tremblement de terre. En 1992, l'archéologue français Franck Goddio a commencé à explorer le site avec une équipe de plongeurs. Après la découverte de statues et d'objets, ils espèrent retrouver le palais perdu de Cléopâtre.

De la rumeur à l'histoire

L'historien grec Plutarque (50-120 apr. J.-C.) parle de Cléopâtre dans sa biographie de Marc Antoine. Cette histoire a été rédigée près d'un siècle après la mort de Cléopâtre. Plutarque s'appuie sur des témoignages recueillis par son grand-père Lamprias et sur des documents disparus depuis lors. Il est difficile de dire quelle est la part de vérité dans ces récits.

PLUTARQUE

« Vies parallèles »
La *Vie de Marc Antoine* fait partie d'une série de textes dans lesquels Plutarque compare les héros grecs et romains.

WILLIAM SHAKESPEARE

« ANTOINE ET CLÉOPÂTRE »

Environ 1 500 ans après la mort de Plutarque, le dramaturge anglais William Shakespeare (1554-1616) s'inspire des récits de l'historien grec pour écrire une pièce sur la passion funeste d'Antoine et de Cléopâtre.

PÉPLUM

En 1963, les cinéastes d'Hollywood réalisent une superproduction sur Cléopâtre et Antoine. Si les personnages principaux sont joués par un vrai couple, Elizabeth Taylor et Richard Burton, le contexte historique n'est pas fidèlement reproduit, comme dans cette scène de banquet.

UNE HISTOIRE QUI FAIT RÊVER

Tout au long de l'histoire, Cléopâtre inspira les écrivains, les peintres et plus tard les cinéastes. L'artiste anglais sir Lawrence Alma-Tadema (1836-1912) a peint des scènes imaginaires de l'Égypte ancienne et de Rome, dont ce tableau représentant Cléopâtre attendant Antoine, à Tarse.

« CARRY ON CLEO »

La légende de Cléopâtre a inspiré tant la comédie que la tragédie. En 1965, *Carry on Cleo* dépeint une Cléopâtre pleine de charme et de pouvoir, mais dont les manières n'ont rien de royal. De tout temps, on a souvent refusé de prendre au sérieux une femme au pouvoir.

LE THÉÂTRE D'AUJOURD'HUI

Dans *Antoine et Cléopâtre*, William Shakespeare traduit la tragique histoire d'amour entre Cléopâtre et Antoine. Plusieurs actrices ont eu l'honneur d'incarner le personnage haut en couleur de la reine d'Égypte. Ici, Helen Mirren, actrice de renom mondial, joue Cléopâtre sur une scène londonienne en 1999.

Index

Remerciements et crédits

L'éditeur tient à remercier : Rachel Hilford, Sally Hamilton, Diane Legrande, Selina Wood, David Gillingwater, et Chris Bernstein.

Iconographie
h=haut, b=bas, g=gauche, d=droite, c=centre

AKg Londres 19hf, 36-37 ; Cameraphoto, State Art Museum, Bucarest *Cleopatra Dissolves the Pearl* Anton Schoonyans 33hd ; Erich Lessing 40cg.Ancient Art & Architecture Collection 27bd, 33dc, 45cb, 46hd ; Dr. S. Coyne 9hg ; G. T. Garvey 17cd ; Ronald Sheridan 2cg, 8hg, 33cd, 41hg ; Dr Sally-Ann Ashton 15hd ; Bildarchiv Preußischer Kulturbesitz Antikenmuseum Johannes Laurentius 13 ; Bridgeman Art Library, Londres/New York Antony and Cleopatra Sir Lawrence Alma-Tadema 47hd ; Louvre, France Cleopatra Disembarking at Tarsus Claude Lorrain 30hg ; British Museum, Londres 19cd, 20cdh, 20cg, 20h, 21hc, 25hd, 26bg, 33bd, 35cdh, 35cdb, 37hg, 41cd, 45cb ; Mary Evans Picture Library 6-7, 25b, 43bd, 47hg. Werner Forman Archive British Museum 44hd ; Private Collection 21hd. Ronald Grant Archive Carry on Cleo 1963 © EMI/Peter Roger's Production 47cd ; Cleopatra 1963 © Twentieth Century Fox 24hd, 47bg. Performing Arts Library Fritz Curzon 47bd ; Popperfoto 46bd. Scala Group S.p.A. Arte romana Vaticano Cortile delle Corazze 0hg ; Vaticano Museo Gregoriano Egizio 41cgh ; Science Museum 14bd, 45cd.

Couverture : Dorling Kindersley pour tous les documents, sauf pour le premier plat hg et pour le quatrième plat hg © Ancient Art & Architecture Collection